Tutoriales GNU/Linux

Hacking para principiantes

Marcelo Horacio Fortino

Licencia

Tutoriales GNU/Linux.
Hacking para principiantes.

Marcelo Horacio Fortino
Segunda Edición
Barcelona, España
Enero 2017
ISBN: 978-84-617-7945-1
ISBN formato digital: 978-84-617-7958-1

Sugerencias y comentarios a info@fortinux.com

Datos de catalogación bibliográfica

Marcelo Horacio Fortino
Tutoriales GNU/Linux.
Hacking para principiantes

ISBN: 978-84-617-7945-1
ISBN formato digital: 978-84-617-7958-1

Materia Destacada IBIC: UL : SISTEMAS OPERATIVOS
4G : Niveles educativos genéricos
Materia(s) IBIC: UL : SISTEMAS OPERATIVOS
ULL : Linux
UM : PROGRAMACIÓN INFORMÁTICA/DESARROLLO DE SOFTWARE

Garantía

Este libro se distribuye con la esperanza de que sea útil, pero SIN NINGUNA GARANTÍA, incluso sin la garantía MERCANTIL implícita o sin garantizar la CONVENIENCIA PARA UN PROPÓSITO PARTICULAR. El autor no asume ninguna responsabilidad si el lector hace un mal uso del mismo.

Agradecimientos

A Adriana.

A tod@s los que me enseñaron, principalmente mis amigos y mi familia.

A toda la comunidad de Software Libre.

Sumario

Sobre el autor

Marcelo Horacio Fortino es un profesional de las tecnologías de la información con más de 17 años de experiencia en la industria y servicios asociados. Trabajó como diseñador y programador web, administrador de sistemas, formador y líder de proyectos. Actualmente es consultor de TI.

Ha contribuido en varios proyectos de Software Libre como PHP Calendar, Ubuntu Manual, OpenOffice.Org y The Document Foundation.

Dictó conferencias y tutoriales en varios Congresos y eventos de TI en Argentina, Brasil, España y Uruguay.

En 1999, escribió el libro "Internet: Una aproximación a sus aplicaciones y usos" editado en formato electrónico.

Escribe además artículos periodísticos para publicaciones gráficas y Sitios web, y es editor de http://www.fortinux.com.

Es miembro activo de las siguientes asociaciones profesionales: ISACA, Free Software Foundation, Hispalinux, y fue presidente y fundador de LibrePlanet Barcelona y de Profesionales Asociados de la Web (PAW).

* E-mail: info@fortinux.com
* Twitter: @fortinux
* Google+ https://google.com/+marcelofortino
* Linkedin http://es.linkedin.com/in/marcelofortino
* Blog: http://www.fortinux.com
* Github https://github.com/fortinux
* Slideshare.net http://www.slideshare.net/fortinux
* Planeta Linux http://planetalinux.org/es/

Si busca un formador, conferencista o consultor TIC con conocimientos de software libre y de fuente abierta lo puede contactar por e-mail, Twitter o Linkedin.

Convenciones de este libro

Cuando leas este libro, verás que algunas palabras están representadas con fuentes y tipos de letra diferentes. Por ejemplo:

```
comando
```

Los comandos en GNU/Linux se representan de esta manera. Este estilo indica que puedes escribir la palabra o frase en la línea de comandos y pulsar la tecla *intro* para invocar el comando.

Ctrl + Shift + F3

Esta es una combinación de teclas que tienes que apretar simultáneamente. Las teclas siempre se representan en cursiva.

- . -

Para poder realizar los tutoriales siempre deberás tener un terminal a mano. Para abrirlo en:

* Debian/Ubuntu: Apretar las teclas *Ctrl + Alt + t*.
* Ubuntu Unity: Apretar la tecla *Super* (suele tener el icono de Windows® diseñado) y el número 2.
* Gnome: Ir al Menú Aplicaciones/Accesorios/Terminal.
* Xfce: Ir al Menú Aplicaciones/Accesorios/Terminal.
* KDE: Clic en KickOff /Aplicaciones/Sistema/Terminal.

Prefacio

Bienvenid@s a Tutoriales GNU/Linux, hacking para principiantes; una colección de tutoriales que resuelven dudas y problemas técnicos básicos relacionados con el software y el hardware en un sistema operativo GNU/Linux. Un libro ideal para usar como referencia a la hora de administrar tu sistema operativo GNU/Linux.

La mayoría de las definiciones de 'hacking' en el 'jargon file' del hacker Eric S. Raaymond[1] están basadas principalmente *"en la afición a lo técnico y en el placer de resolver problemas sobrepasando los límites"*.

La idea de este libro es capturar esa esencia mediante simples y prácticos tutoriales para que puedas comenzar a hackear tu ordenador utilizando la línea de comandos.

Aquí encontrarás instrucciones para la administración de usuarios, sistemas de ficheros, copias de backup, configuración de hardware, instalación de software, monitorización de redes, resolución de problemas, seguridad, herramientas y una introducción a la programación de scripts.

Los tutoriales están basados en las distribuciones GNU/Linux Debian 7 y Ubuntu 14.04 por lo cual para otras versiones y/o sistemas operativos puede ser necesario realizar algunos cambios.

[1] Cómo convertirse en hacker http://www.catb.org/~esr/faqs/hacker-howto.html

Usando la línea de comandos

La interfaz de usuario, comúnmente llamada línea de comandos (command line interfase - CLI en inglés) es un método que nos permite dar instrucciones a los programas utilizando órdenes de texto.

Con ella podemos crear usuarios, editar ficheros, automatizar tareas mediante ficheros batch y administrar nuestro sistema operativo GNU/Linux.

Tutorial aprendiendo a usar la línea de comandos en GNU/Linux

Tutorial editar ficheros y directorios con la línea de comandos

Tutorial usar find para buscar ficheros o directorios en GNU/Linux

Tutorial usar locate para buscar ficheros o directorios

Tutorial descubrir los ficheros que ocupan más espacio usando la línea de comandos en GNU/Linux

Tutorial comprimir ficheros y directorios en GNU/Linux

Tutorial crear enlaces a ficheros y directorios en GNU/Linux

Tutorial usar grep para buscar texto dentro de ficheros

Tutorial parar momentáneamente un proceso o aplicación

Tutorial cerrando o reiniciando GNU/Linux

Tutorial como descargar programas o ficheros de internet con Wget en GNU/Linux

Palabras claves: interfaz de usuario, línea de comandos, CLI, command line, shell, terminal, editar ficheros, comando find, updatedb, locate, bash, du, sort, head, df, comprimir ficheros, gzip, tar, enlaces, links, Wget, descargar programas, GNU, Linux.

[En el principio... fue la línea de comandos. Neal Stephenson] (http://biblioweb.sindominio.net/telematica/command_es/command_es.html)

Tutorial aprendiendo a usar la línea de comandos en GNU/Linux

En este tutorial aprenderemos desde 0 a utilizar la línea de comando en GNU/Linux.

Palabras claves: línea de comandos, command line, shell, bash, date, pwd, cd, ls, less, cat.

Abrimos un terminal y escribimos nuestro primer comando:

```
date
```

Para saber en que directorio estamos:

```
pwd
```

Para cambiar de directorio utilizamos el comando *cd*. Por ejemplo escribiendo el nombre del directorio:

```
cd /usr
```

Para cambiar al directorio superior le agregamos un espacio y dos puntos seguidos:

```
cd ..
```

Para cambiar al directorio principal (home):

```
cd
```

Para ver un listado del contenido del directorio activo:

```
ls
```

Los comandos en Linux suelen tener opciones (que podemos agrupar, por ej. *-ld*) y argumentos. En este caso, para ver los detalles del directorio /usr utilizamos las opciones *-l* (descripción larga) y *d* (directorio):

```
ls -ld /usr
```

En cambio si queremos ver el contenido:

```
ls -l /usr
```

Para ver lo que hay dentro de un fichero podemos usar el comando *less*:

```
less fichero.txt
```

Salimos apretando la letra *q* del teclado.

O también el comando *cat*:

```
cat fichero.txt
```

Un completo listado de comando lo podéis encontrar en:
http://cb.vu/unixtoolbox.xhtml (idioma inglés)

Tutorial editar ficheros y directorios con la línea de comandos en GNU/Linux

En este tutorial vamos a utilizar la línea de comando en GNU/Linux para trabajar con ficheros y directorios, aprendiendo a copiar, mover, borrar y editar los mismos.

Palabras claves: línea de comandos, command line, mkdir, cp, mv, rm, cat.

Comandos:

mkdir – Crea directorios
cp – Copia ficheros y directorios.
mv – Mueve/renombra ficheros y directorios.
rm – Borra ficheros y directorios.

Comenzamos:

Creamos un directorio que llamaremos "pruebas":

```
mkdir pruebas
```

Ahora nos movemos al directorio creado:

```
cd pruebas
```

Creamos un fichero llamado fichero-de-pruebas.txt (salimos con *Ctrl + d*):

```
cat > fichero-de-pruebas.txt
```

Creamos otro directorio llamado pruebas2:

```
mkdir pruebas2
```

Copiamos el fichero-de-pruebas.txt al directorio pruebas2:

```
cp fichero-de-pruebas.txt pruebas2
```

Cambiamos al directorio pruebas2 y comprobamos si el fichero ha sido copiado correctamente:

```
cd pruebas2
ls
```

Volvemos al directorio "pruebas" y allí copiamos el directorio "pruebas2" como "pruebas3" (*-r* sirve para copiar lo que hay dentro de ese directorio):

```
cd ..
cp -r pruebas2 pruebas3
```

Usamos *mv* para cambiar el nombre al fichero-de-pruebas.txt:

```
mv fichero-de-pruebas.txt fichero-de-
pruebas2.txt
```

Usamos *mv* para mover el fichero-de-pruebas2.txt al directorio pruebas2:

```
mv fichero-de-pruebas2.txt pruebas2
```

Vamos al directorio "pruebas2" y usamos el comando *rm* para borrar "fichero-de-pruebas2" (*-i* solicita una confirmación antes de hacerlo, con *y* aceptamos):

```
cd pruebas2
rm -i fichero-de-pruebas2.txt

rm: borrar fichero comúm vacío "fichero-de-
pruebas2.txt"?
```

Si queremos borrar un directorio en cambio, tenemos que usar la opción *-r* (confirmar siempre con *y*):

```
rm -ir pruebas3

rm -ir ../pruebas3rm: entrar al directorio
"../pruebas3"?
```

```
rm: borrar fichero comum vacío
"../pruebas3/fichero-de-pruebas.txt"?

rm: borrar directorio "../pruebas3"?
```

Nota: la opción *-i* no es obligatoria pero a veces es conveniente utilizarla, especialmente con el comando *rm.*

Nota 2: Los comandos en Linux suelen tener opciones (que podemos agrupar: *-lt*) y argumentos. Como ejemplo, para ver los detalles del directorio /pruebas utilizamos las opciones *-l* (descripción larga) y *t* (time: ordenado por últimos modificados):

```
ls -lt /pruebas
```

Tutorial usar find para buscar ficheros o directorios en GNU/Linux

En este tutorial veremos cómo podemos buscar ficheros o directorios con el comando find en GNU/Linux

Palabras claves: línea de comandos, command line, find, buscar ficheros, GNU, Linux.

Para buscar en el directorio *root* (/) ficheros (*-type*) con más de 9 megas (*-size*):

```
find / -type f -size +9M
```

Para buscar todos los ficheros con extensión .txt (*-iname*) abiertos (*-atime*) en los últimos dos días:

```
find / -iname '*.txt' -atime -2
```

Para buscar todos los ficheros modificados o creados (*-mtime*) en los últimos dos días:

```
find / -type f -mtime -2
```

Para buscar ficheros con permisos (*-perm*) de escritura, lectura y ejecución:

```
find / -type f -perm 0777
```

Para buscar un fichero de nombre *texto.txt* en el directorio activo y un nivel más abajo (subdirectorio):

```
find -maxdepth 2 -name texto.txt
```

Más ejemplos en: http://blog.desdelinux.net/con-el-terminal-ejemplos-con-el-comando-find/

Tutorial usar locate para buscar ficheros o directorios en GNU/Linux

En este tutorial veremos cómo podemos buscar ficheros o directorios con el comando locate en GNU/Linux

Palabras claves: línea de comandos, command line, updatedb, locate, buscar ficheros, GNU/Linux.

La diferencia básica entre el comando *find* y el comando *locate* es que este último genera una base de datos con todos los ficheros y los busca allí. Esto hace que sea mucho más rápido que *find.*

Para generar la base de datos abrimos un terminal y escribimos:

```
sudo updatedb
```

Luego, para hacer una búsqueda escribimos:

```
locate texto.txt
```

Donde *texto.txt* es el fichero buscado.
Para buscar *texto.txt* sin considerar mayúsculas y minúsculas:

```
locate -i texto.txt
```

Como siempre, *man* nos dirá todas las opciones:

```
man locate
```

Tutorial descubrir los ficheros que ocupan más espacio usando la línea de comandos en GNU/Linux

En este tutorial aprenderemos a usar el comando du para saber qué ficheros ocupan más espacio o cuánto espacio está ocupado en un directorio en GNU/Linux.

Palabras claves: línea de comandos, command line, shell, bash, du, sort, head, df.

Para encontrar los 4 ficheros que más espacio están ocupando en un sistema GNU/Linux abrimos un terminal y escribimos:

```
du -hsx * | sort -rh | head -4
```

La explicación del comando es:

`du` – Calcula cuánto espacio ocupan los ficheros.

`-hsx` – (-h) Da formato para ser leído por humanos, (-s) Sumario, (-x) Un formato de fichero, omitiendo directorios.

`sort` – Lista líneas de texto de ficheros.

`-rh` – (-r) Pone al revés el resultado de la comparativa, (-h) Da formato para ser leído por humanos.

`head` – Muestra las primeras 4 líneas del fichero.

Para saber cuánto está ocupando cada fichero, cada directorio y el sumatorio total en el directorio actual escribimos:

```
du -sch *
```

Para saber cuánto está ocupando cada directorio en el directorio actual con un nivel de profundidad de 1 escribimos:

```
du -h --max-depth=1
```

Para saber cuánto está ocupando el directorio home escribimos:

```
sudo du -sh /home
```

Lo mismo pero usando también el comando sort:

```
du -h /home --max-depth=1 | sort -nr
```

Usando -a para listar los ficheros del directorio /home:

```
du -ha /home
```

Recordando que para ver el espacio disponible en el disco:

```
df -h
```

Un completo listado de comando lo podéis encontrar en:
http://unix.stackexchange.com/ (idioma inglés)

Tutorial comprimir ficheros y directorios en GNU/Linux

En este tutorial veremos como podemos comprimir ficheros y directorios en GNU/Linux desde la línea de comandos.

Palabras claves: línea de comandos, command line, comprimir, gzip, bzip2, xz, tar.

Para comprimir un fichero o directorio usaremos el comando *tar* junto con una herramienta de compresión tipo *gzip* (la más antigua), *bzip2* (probablemente la más usada) y *xz* (la más nueva y generalmente con mejor ratio de compresión).

Comenzamos comprimiendo con *gzip*:
Para ello vamos al directorio donde están los ficheros que queremos comprimir con *gzip* y escribimos:

```
tar czf fichero-comprimido.tar.gz nombre-del-fichero1 nombre-del-fichero2
```

Si queremos comprimir con *bzip2*:

```
tar cjf fichero-comprimido.tar.bz2 nombre-del-fichero1 nombre-del-fichero2
```

Y si queremos comprimir con *xz*:

```
tar cJf fichero-comprimido.tar.xz nombre-del-fichero1 nombre-del-fichero2
```

Si queremos comprimir todo un directorio:

```
tar czf fichero-comprimido.tar.gz nombre-del-directorio
```

Para listar el contenido de un fichero *tar*:

```
tar tvf fichero-comprimido.tar.gz
```

Para descomprimir un fichero *tar*:

```
tar -xvf fichero-comprimido.tar.gz
```

Si queremos descomprimir el fichero *tar* en otro directorio:

```
tar -xvf fichero-comprimido.tar.gz -C
/nombre-del-directorio/
```

Para comprimir un fichero *gz* con *gzip*:

```
gzip -9 nombre-del-fichero1
```

Para descomprimir un fichero *gz* con *gzip*:

```
gzip -d fichero-comprimido.gz
```

Una página de ayuda: http://linuxzone.es/metodos-de-compresion-y-descompresion-en-linux

Tutorial crear enlaces a ficheros y directorios en GNU/Linux

En este tutorial aprenderemos a utilizar la línea de comando en GNU/Linux para crear enlaces simbólicos a ficheros y directorios.

Palabras claves: línea de comandos, command line, ln, enlaces, links.

El comando *ln -s* crea enlaces simbólicos a ficheros y directorios.

Comenzamos creando un directorio que llamaremos "pruebas":

```
mkdir pruebas
```

Ahora nos movemos al directorio creado:

```
cd pruebas
```

Creamos un fichero llamado fichero-de-pruebas.txt (salimos con *Ctrl + d*):

```
cat > fichero-de-pruebas.txt
```

Creamos otro directorio llamado pruebas2:

```
mkdir pruebas2
```

Creamos un enlace al directorio pruebas2:

```
ln -s pruebas2 pruebas2enlace
```

Lo comprobamos viendo en la última línea el enlace a nuestro directorio:

```
ls -l
```

```
total 4
-rw-rw-r-- 1 usuario usuario 0 Nov 6 12:08
fichero-de-pruebas.txt
```

```
drwxrwxr-x 2 usuario usuario 4096 Nov 6 11:09
pruebas2
lrwxrwxrwx 1 usuario usuario 8 Nov 6 12:17
pruebas2enlace -> pruebas2
```

Tutorial usar grep para buscar texto dentro de ficheros en GNU/Linux

Grep es un comando muy útil que permite buscar texto (una o varias palabras) dentro de uno o más ficheros.

Palabras claves: línea de comandos, command line, grep, buscar texto, GNU, Linux.

Por ejemplo, buscamos la palabra "texto" dentro de todos los ficheros de texto (.txt) que tengamos en el directorio "home":

```
grep "texto" /home/ *.txt
```

Si queremos buscar en ese directorio y en los que están dentro de él:

```
grep -r "texto" /home/ *.txt
```

Buscar en ese directorio, en los que están dentro de él y en cualquier tipo de fichero:

```
grep -r "texto" /home/
```

Buscar la palabra "texto" dentro de un fichero ignorando distinción entre mayúsculas y minúsculas:

```
grep -i "texto" nombre-del-fichero
```

Buscar comentarios dentro de un fichero:

```
grep ^# nombre-del-fichero
```

Más ejemplos en la Wikipedia: https://es.wikipedia.org/wiki/Grep

Documentación oficial GNU:
http://www.gnu.org/software/grep/manual/grep.html (idioma inglés)

Tutorial parar momentáneamente un proceso o aplicación

En este tutorial veremos como parar en GNU/Linux la ejecución de un proceso y como retornar al mismo.

Palabras claves: línea de comandos, command line, jobs, fg, PID, bg, GNU, Linux.

Para parar un proceso basta presionar las teclas *Ctrl + z*. Mientras ese programa está parado en la memoria nosotros podemos usar otros comandos o programas. Para poder ejecutarlo nuevamente usaremos el comando *jobs* para saber el número PID del mismo:

```
jobs
```

El comando *jobs* muestra los procesos que están parados o rodando en segundo plano. *fg* en cambio será el comando utilizado para traerlo al primer plano nuevamente, junto con el número de PID:

```
fg [número]
```

Si *fg* es usado sin el número PID traerá el último programa interrumpido.

bg por otra parte, le permite a un programa que está rodando en primer plano o parado pasar a rodar en segundo plano. Primero interrumpimos su ejecución con *Ctrl + z*, y luego usamos el comando b*g* para iniciar la ejecución en segundo plano.

```
bg [número]
```

Tutorial cerrando o reiniciando GNU/Linux

En este tutorial veremos cómo podemos cerrar o reiniciar el sistema operativo GNU/Linux desde la línea de comandos.

Palabras claves: línea de comandos, command line, cerrar, reiniciar, GNU, Linux, shutdown.

Para reiniciar GNU/Linux abrimos un terminal y escribimos:

```
sudo shutdown -r now
```

Nos pedirá la contraseña y luego iniciará el proceso para reiniciar.

Para cerrar el sistema operativo en cambio es *-h* (halt en inglés):

```
sudo shutdown -h now
```

Si queremos cerrarlo a una hora específica, por ejemplo a las 10 am:

```
sudo shutdown -h 10:00
```

Si por algún motivo el sistema se ha bloqueado, podemos cerrarlo desde el teclado manteniendo apretada la tecla *alt*, y apretando las siguientes teclas en esta secuencia: *PrintScreen* + *r* + *e* + *i* + *s* + *u* + *b*

Más información en: http://es.wikipedia.org/wiki/REInicia_SUBnormal

Tutorial como descargar programas o ficheros de internet con Wget en GNU/Linux

Wget es una herramienta de línea de comandos muy útil a la hora de descargar programas o ficheros de Internet. Vamos a ver cómo funciona con ejemplos.

Palabras claves: Wget, descargar programas, línea de comandos.

Para descargar la imagen .iso de Ubuntu 14.04 abrimos un terminal y escribimos:

```
wget http://releases.ubuntu.com/14.04/ubuntu-14.04-desktop-amd64.iso
```

En cambio si queremos guardar la imagen .iso con otro nombre:

```
wget -O ubuntu_amd64.iso http://releases.ubuntu.com/14.04/ubuntu-14.04-desktop-amd64.iso
```

Para reiniciar una descarga interrumpida:

```
wget -c ubuntu_amd64.iso http://releases.ubuntu.com/14.04/ubuntu-14.04-desktop-amd64.iso
```

Para pasar a segundo plano la descarga y seguir trabajando en esa terminal:

```
wget -b ubuntu_amd64.iso http://releases.ubuntu.com/14.04/ubuntu-14.04-desktop-amd64.iso
```

Más información en: http://manpages.ubuntu.com/manpages/trusty/man1/wget.1.html (idioma inglés)

Instalando aplicaciones en GNU/Linux

Instalar aplicaciones en GNU/Linux suele ser bien simple. En este capítulo veremos una introducción a la instalación de programas; y luego como instalar herramientas de programación y administración de sistemas.

Tutorial como instalar programas en GNU/Linux

Tutorial como instalar programas desde el código fuente en GNU/Linux

Tutorial instalar y configurar Git en GNU/Linux

Tutorial usar git-annex como repositorio de ficheros

Tutorial instalar LXC en GNU/Linux

Tutorial virtualización: instalar y usar LXD en GNU/Linux

Tutorial instalar Vagrant para usar ambientes virtuales en GNU/Linux

Tutorial instalar KMV y QEMU en GNU/Linux

Tutorial instalar servidor LAMP en GNU/Linux

Tutorial instalar herramientas básicas de programación en Ubuntu o Debian GNU/Linux

Tutorial instalar herramientas para diseño web y programación en Ubuntu o Debian

Tutorial instalar Atom en GNU/Linux

Tutorial instalar Brackets en GNU/Linux para desarrollo web

Palabras claves: apt-get, ppa, .deb, repositorio, código fuente, instalar

.tar.gz, desinstalar, uninstall, make, install, git, cvs, git-annex, lxc, lxc-containers, lxd, virtualización, vagrant, ambientes virtuales, KMV, QEMU, tasksel, meta-paquetes, LAMP, servidor, herramientas de programación, gcc , automake, linux-headers, vim, curl, wget, python-software-properties, diseño web, programación, gimp, krita, inkscape, imagemagick, darktable, atom, build-essential, git, curl, node, nodejs, Brackets, editor de textos, HTML, CSS, javascript, desarrollo web.

Tutorial como instalar programas en GNU/Linux

En este tutorial veremos como podemos instalar programas en GNU/Linux

Palabras claves: instalar, desinstalar, install, uninstall, apt-get, ppa, .deb, repositorio, sources.list.

La mayoría de las veces, los programas que queremos instalar se encuentran en los repositorios de la distribución GNU/Linux que estamos usando. Es importante, siempre antes de instalarlos, actualizar la lista de programas de los repositorios abriendo un terminal y escribiendo:

```
sudo apt-get update
```

Para actualizar los programas instalados:

```
sudo apt-get upgrade
```

Para instalar un programa escribimos:

```
sudo apt-get install nombre_del_programa
```

Para ejecutarlo una vez instalado, escribimos en la línea de comando:

```
nombre_del_programa
```

Si el programa no está en los repositorios y es un PPA (personal package archive), primero tenemos que agregar la fuente del fichero a nuestra lista de programas:

```
sudo-add-apt-repository
ppa:programador/nombre_del_programa_ppa
```

Luego actualizamos la lista y lo instalamos:

```
sudo apt-get update
```

```
sudo apt-get install
nombre_del_programa_ppa
```

Para editar la lista de programas directamente:

```
sudo vim /etc/apt/sources.list
```

Para desinstalar un programa:

```
sudo apt-get remove nombre_del_programa
```

Para reparar un programa:

```
sudo dpkg-reconfigure nombre_del_programa
```

Para buscar si un programa está en la lista de programas:

```
apt-cache search nombre_del_programa
```

Para instalar un programa de Debian (la extensión del fichero es .deb):

```
sudo dpkg -i nombre_del_programa.deb
```

Para eliminarlo:

```
sudo dpkg -r nombre_del_programa.deb
```

Más información en: http://www.ubuntu-guia.com/2014/04/software-y-actualizaciones-en-ubuntu.html

Tutorial como instalar programas desde el código fuente en GNU/Linux

Si bien la mayoría de las veces que queremos instalar un programa lo encontramos en los repositorios de la distribución GNU/Linux que estamos usando, se puede dar el caso de tener que instalarlo con el código fuente del mismo. En este tutorial veremos cómo instalar y compilar programas en GNU/Linux

Palabras claves: código fuente, instalar .tar.gz, make, install.

Primero vamos a instalar las herramientas de desarrollo de GNU/Linux abriendo un terminal y escribiendo:

```
sudo apt-get install build-essential linux-headers-$(uname -r)
```

Luego descargamos de Internet el fichero que queremos instalar y lo extraemos escribiendo:

```
tar xvf fichero_fuente.tar.gz
```

Ahora vamos al directorio que se ha creado con los ficheros del programa:

```
cd /directorio_fichero_fuente
```

Configuramos el programa:

```
./configure
```

Lo construimos:

```
make
```

Finalmente lo instalamos:

```
sudo make install
```

Importante: Si tenemos un error con los permisos de fichero, lo podemos solucionar con:

```
sudo chmod +x configure
```

Más información en:
http://ubuntuguide.org/wiki/Ubuntu_Trusty_Packages_and_Repositories (idioma inglés)

Tutorial instalar y configurar Git en GNU/Linux

En este tutorial veremos cómo instalar y configurar Git, un sistema de control de versiones distribuido (CVS), creado por Linus Torvalds para el desarrollo del kernel Linux.

Palabras claves: Git, CVS.

Primero abrimos un terminal y actualizamos la lista de paquetes:

```
sudo apt-get update
sudo apt-get upgrade
```

Ahora instalamos *Git*:

```
sudo apt-get install git
```

Configuramos nuestro nombre de usuario:

```
git config --global user.name "usuario"
```

Configuramos nuestra dirección de e-mail:

```
git config --global user.email
"usuario@email.com"
```

Creamos una llave SSH:

```
ssh-keygen -t rsa -C "usuario@email.com"
```

Copiamos la clave SSH en nuestra cuenta en *Git* https://github.com/settings/ssh :

```
cat ~/.ssh/id_rsa.pub
```

Controlamos si esta correcta:

```
ssh -T git@github.com
```

Recibiremos un mensaje diciendo que autenticamos nuestra cuenta pero que *Git* no provee acceso shell.

Un sencillo tutorial para saber como usar *Git* lo encontrareis en: https://github.com/fortinux/ejemplos-git

Más información en: https://help.ubuntu.com/lts/serverguide/git.html (idioma inglés)

Tutorial usar git-annex como repositorio de ficheros

En este tutorial veremos una forma de tener nuestros ficheros sincronizados entre el notebook, el desktop y otros dispositivos usando como herramienta git-annex. La ventaja de git-annex es que permite sincronizar ficheros de gran tamaño.

Palabras claves: Git, git-annex, línea de comando, Debian, Ubuntu, GNU/Linux.

Para usar git-annex como repositorio de ficheros creamos directorios en nuestros dispositivos a sincronizar. Otras herramientas que podemos usar son Gitlab, soluciones cloud o nuestro propio servidor web.

Para instalarlo tanto en Ubuntu como Debian GNU/Linux (tiene que estar instalado *Git* antes) abrimos un terminal y escribimos:

```
sudo apt-get install git-annex
```

Ahora creamos el directorio para el repositorio local (desktop):

```
mkdir annex
cd annex/
git init
git annex init
```

Creamos el directorio remoto:

```
cd ..
mkdir annex-remote
cd annex-remote/
```

Clonamos el repositorio local dentro del remoto:

```
git clone ../annex
cd annex/
git annex init "portable remote"
```

Agregamos el repositorio local con el nombre *desktop*:

```
git remote add desktop ../annex
```

Vamos al repositorio *desktop* y agregamos el repositorio "*portable remote*" creado anteriormente

```
cd ../annex/
cd ..
cd annex
git remote add portable ../annex-
remote/annex
```

Copiamos el fichero *Manual_Identidad_Visual.zip* para testar que todo funciona:

```
cp
/home/usuario/Downloads/Manual_Identidad_Visual.
zip .
git annex add .
git commit -a -m "agregado
Manual_Identidad_Visual.zip"
```

Vamos al repositorio remoto:

```
cd ../annex-remote/annex/
git annex sync desktop
git annex get .
git annex sync desktop
git annex sync
```

Vemos que ha descargado sólo un enlace al fichero (acceso directo), para descargarlo usamos *get*:

```
ll
git annex get Manual_Identidad_Visual.zip
```

Vemos que ahora tenemos el fichero además del enlace:

```
ll
```

Vamos a hacer una prueba creando un fichero en el directorio remoto:

```
vim test.txt
git annex add .
git commit -a -m "test.txt"
git annex sync
```

Vamos al repositorio *desktop* y sincronizamos los repositorios:

```
cd ..
cd annex
ls
git annex sync
ll
git annex get test.txt
```

Comprobamos que está todo correcto:

```
ll
vim test.txt
```

Tutorial basado en http://git-annex.branchable.com/walkthrough/ donde encontraréis mayor información (idioma inglés)

Tutorial instalar LXC en GNU/Linux

El objetivo de LXC (Linux Containers) es crear un ambiente lo más próximo posible a una instalación estándar de GNU/Linux pero sin precisar un kernel separado.

Palabras claves: lxc, lxc-containers.

Primero instalamos lxc:

```
sudo apt-get install lxc
```

Confirmamos si el kernel soporta lxc-containers:

```
lxc-checkconfig
```

Creamos el primer container:

```
sudo lxc-create -n container-test -t ubuntu
```

El usuario predeterminado es "ubuntu" con la clave "ubuntu" y para ser root dentro del container usamos sudo.

El container está alojado en /var/lib/lxc/<nombre-del-container> y su sistema raíz está en /var/lib/lxc/<nombre-del-container>/rootfs.

Para ver una lista de LXC containers en nuestro sistema:

```
sudo lxc-ls --fancy
```

Para iniciar un container:

```
lxc-start -n test-container -d
```

Para loguearse en el container:

```
lxc-console -n test-container
```

Una vez dentro, si queremos salir del container escribimos:

```
sudo poweroff
```

Para parar el container desde fuera del mismo:

```
lxc-stop -n test-container
```

Si queremos entrar por SSH al container primero averiguamos su IP:

```
sudo lcx-info -n test-container
```

y luego entramos con:

```
ssh ubuntu@<número de la IP>
```

Para eliminar el container:

```
lxc-destroy -n test-container
```

Para que el container se inicie automáticamente podemos hacer un enlace simbólico:

```
ln -s /var/lib/lxc/test-container/config /etc/lxc/auto/test-container.conf
```

Más información en: https://linuxcontainers.org/ (idioma inglés)

Tutorial virtualización: instalar y usar LXD en GNU/Linux

En este tutorial veremos cómo instalar y usar LXD como entorno de virtualización en GNU/Linux para poder crear containers.

Palabras claves: LXD, LXC, virtualización, containers, sistemas operativos, GNU/Linux.

Para instalarlo, en la página de Ubuntu recomiendan usar el PPA para tener siempre la versión más nueva:

```
      sudo add-apt-repository ppa:ubuntu-
lxc/lxd-git-master
      sudo apt-get update
      sudo apt-get install lxd
```

LXD crea un grupo de usuarios “lxd” con los usuarios de los grupos “admin” y “sudoers”. Si no eres un miembro de estos grupos deberás agregar manualmente tu usuario al grupo “lxd”.

Para ello, agregamos nuestro usuario (cambiar "usuario" por tu nombre de usuario) al grupo lxd de administradores de LXD:

```
      sudo usermod --append --groups lxd usuario
```

Salimos y volvemos a iniciar sesión para actualizar los permisos (no es necesario reiniciar el ordenador) y vamos a bajar las imágenes de los sistemas operativos Ubuntu y Debian para poder para crear los containers:

```
      lxd-images import lxc ubuntu trusty amd64
--alias ubuntu
      lxd-images import lxc debian wheezy amd64
--alias debian
```

Ahora ya podemos crear el primer container Ubuntu llamado "pruebas":

```
      lxc launch ubuntu pruebas
```

Para ver si fue creado:

```
lxc list
```

Para entrar al container;

```
lxc exec pruebas -- /bin/bash
```

Dentro del container ya podemos ejecutar cualquier orden, por ejemplo:

```
sudo apt-get update
```

Para salir del container escribimos:

```
exit
```

Si queremos ejecutar una orden directamente sin entrar al container:

```
lxc exec primer_container -- apt-get
update
```

Para "bajar" el fichero "hosts" del container a nuestro ordenador:

```
lxc file pull primer_container/etc/hosts .
```

Para "subir" ese fichero:

```
lxc file push hosts primer_container/tmp/
```

Para parar el container:

```
lxc stop pruebas
```

Para eliminarlo:

```
lxc delete pruebas
```

Para ver las opciones:

```
lxc help
```

Para conectarse a un container remoto:

```
      lxc remote host-a "<ip":https://<ip
address>:8443
```

Luego se pueden usar las mismas órdenes vistas antes pero usando el prefijo con el nombre del container:

```
      lxc exec host-a:primer_container -- apt-
get update
```

Basado en: https://insights.ubuntu.com/2015/03/20/installing-lxd-and-the-command-line-tool/ (idioma inglés)

Tutorial instalar Vagrant para usar ambientes virtuales en GNU/Linux

En este tutorial veremos como instalar y usar Vagrant, un programa que nos permite configurar y usar ambientes virtuales.

Palabras claves: ambiente virtual, Vagrant, Virtualbox, máquina virtual, virtual machine.

Para poder usar Vagrant primeramente tendremos que instalar Virtualbox o VMware. En este caso instalaremos el primero:

```
sudo apt-get update

sudo apt-get install virtualbox dkms
```

Ahora instalamos Vagrant:

```
sudo apt-get -y install vagrant
```

Descargamos los sistemas operativos Ubuntu 12.04:

```
vagrant box add precise32
http://files.vagrantup.com/precise32.box
```

Y Ubuntu 14.04:

```
vagrant box add ubuntu/trusty64
https://vagrantcloud.com/ubuntu/boxes/trusty64
```

Luego que Vagrant está instalado y ya tenemos en nuestro ordenador las cajas (boxes), vamos a crear nuestra primera máquina virtual Ubuntu 14.04. Primero creamos un directorio para ella y nos movemos allí:

```
mkdir vagrant-ubuntu

cd vagrant-ubuntu
```

Creamos el fichero de configuración de vagrant:

```
vagrant init
```

Editamos la línea *config.vm.box = "base"* por *config.vm.box = "ubuntu/trusty64"* de ese fichero, denominado *Vagrantfile* para que Vagrant busque el box de Ubuntu 14.04 que descargamos anteriormente:

```
sudo vim Vagrantfile
```

Ahora iniciamos la máquina virtual:

```
vagrant up
```

Y nos conectamos a ella por ssh:

```
vagrant ssh
```

Para salir:

```
exit
```

Para apagarla:

```
vagrant halt
```

Para eliminar la máquina virtual:

```
vagrant destroy
```

Más información en: https://www.vagrantup.com/ (idioma inglés).
Un listado de Vagrant boxes: https://vagrantcloud.com/boxes/search

Tutorial instalar KMV y QEMU en GNU/Linux

En este tutorial veremos como instalar y configurar un entorno de virtualización con KMV y QEMU en GNU/Linux e instalar nuestra primera máquina virtual Debian.

Palabras claves: KMV, QEMU, virtualización, sistemas operativos, GNU/Linux, Debian.

Primero verificamos si tenemos instaladas las extensiones Intel VT o AMD-V en nuestra CPU que permitirán al módulo del Kernel Linux KMV rodar la mayor parte del código directamente en el procesador.

```
egrep '(vmx|svm)' /proc/cpuinfo
```

Si el comando no devuelve nada quiere decir que no las tenemos y por lo tanto KMV no va a funcionar, caso contrario, instalamos KMV:

```
sudo apt-get install kvm
```

Finalmente instalamos QEMU

```
sudo apt-get install qemu
```

Ahora podemos usar una de las imágenes que descargamos de la wiki de QEMU http://wiki.qemu.org/Testing para iniciar nuestro primer sistema operativo virtual, por ejemplo:

```
qemu-system-x86_64 linux-0.2.img
```

También podemos usar imágenes de tipo raw, vmdk (VMware) o vdi (VirtualBox) o la nativa y más flexible qcow2.

Para instalar un sistema operativo virtual, lo primero es crear una imagen de disco en blanco, por ejemplo para instalar Debian7:

```
qemu-img create -f qcow2 debian7.img 3G
```

Luego de bajar la iso de Debian https://www.debian.org/CD/ , la instalamos con:

```
qemu-system-x86_64 -m 2048 -hda
debian7.img -cdrom debian-7.4.0-amd64-xfce-CD-
1.iso -boot d
```

Si la instalación se hace con un CD-ROM (si es con un DVD cambiar el directorio a /dev/dvd) el comando será:

```
qemu-system-x86_64 -m 2048 -hda
debian7.img -cdrom /dev/cdrom -boot d
```

Por último, luego de finalizar la instalación, la maquina virtual se apaga normalmente. Para volver a encenderla:

```
qemu-system-x86_64 -m 2048 -hda
debian7.img
```

Recursos utilizados: http://www.linux-kvm.org (idioma inglés), http://wiki.qemu.org/Main_Page (idioma inglés), http://en.wikibooks.org/wiki/QEMU (idioma inglés)

Tutorial instalar servidor LAMP en GNU/Linux

En este tutorial veremos como podemos usar Tasksel para instalar Apache server, MySQL e PHP en GNU/Linux Ubuntu o Debian.

Palabras claves: tasksel, meta-paquetes, LAMP, servidor, server.

Tasksel es una herramienta que instala varias aplicaciones juntas, similar a los meta-paquetes.

Abrimos un terminal y escribimos:

```
sudo apt-get install tasksel
```

Ejecutamos tasksel:

```
sudo tasksel
```

En la ventana seleccionamos LAMP server utilizando la barra espaciadora y aceptamos. Cuando comience a instalar MySQL pedirá una clave, inventamos una y la introducimos.

Una vez finalizada la instalación, abrimos el navegador y escribimos http://127.0.0.1 o http://localhost . Aparecerá el mensaje "it works" del servidor Apache.

Tutorial instalar herramientas básicas de programación en Ubuntu o Debian GNU/Linux

En este tutorial aprenderemos como instalar las herramientas básicas de programación en sistemas Ubuntu o Debian GNU/Linux.

Palabras claves: herramientas de programación, gcc , automake, linux-headers, vim, curl, wget, git, python-software-properties

Comenzamos instalando las herramientas básicas de programación para GNU/Linux como GNU GCC Compiler https://gcc.gnu.org/ y los encabezados del kernel Linux. Para ello, abrimos un terminal y escribimos:

```
      sudo apt-get install build-essential
linux-headers-$(uname -r)

      sudo apt-get install gcc libc6-dev
autoconf automake
```

Ahora seguimos con Vim como editor de línea de comandos http://www.vim.org/ , Curl y Wget para descargar ficheros de internet , Python-software-properties para agregar repositorios de tipo ppa y Git como CVS https://github.com/

```
      sudo apt-get update
      sudo apt-get install vim curl wget git
python-software-properties
```

Por último, para comprimir y descomprimir ficheros vamos a instalar algunos programas utilitarios:

```
      sudo apt-get install unace unrar zip unzip
p7zip-full p7zip-rar sharutils rar uudeview
mpack arj cabextract file-roller unar
```

Basado en: https://fortinux.com/ubuntu/ubuntu-como-entorno-de-programacion-y-diseno-web-parte-i/

Tutorial instalar herramientas para diseño web y programación en Ubuntu o Debian GNU/Linux

En este tutorial aprenderemos a instalar algunas herramientas de diseño web y programación en sistemas Ubuntu o Debian GNU/Linux.

Palabras claves: diseño web, programación, gimp, krita, inkscape, imagemagick, darktable

Para las tareas de diseño web como por ejemplo edición de imágenes vamos a instalar GIMP (el "Adobe Photoshop" libre y gratuito), abrimos un terminal y escribimos:

```
sudo apt-get install gimp
```

Ahora instalamos algunos plugins para GIMP

```
gimp-data gimp-plugin-registry gimp-data-extras
```

Krita es otro programa de edición de imágenes que está teniendo mucho éxito últimamente y se instala como Appimage. Descargamos el fichero desde http://files.kde.org/krita/3/linux/krita-3.0-x86_64.appimage , le damos permisos de ejecución y lo ejecutamos mediante:

```
chmod a+x krita-3.0-x86_64.appimage

./krita-3.0-x86_64.appimage
```

Instalamos Inkscape para edición de imágenes vectoriales

```
sudo apt-get install inkscape
```

ImageMagik para editar o convertir a otros formatos imágenes en lote http://www.imagemagick.org/script/index.php/

```
sudo apt-get install imagemagick
```

Darktable para procesar ficheros RAW http://www.darktable.org/

```
sudo apt-get install darktable
```

Geany como editor HTML, CSS, Javascript, etc.

```
sudo apt-get install geany geany-plugins
```

ReText sirve para editar ficheros markdown:

```
sudo apt-get install retext
```

O también está Remarkable para editar markdown https://remarkableapp.github.io/linux.html /

Descargamos https://remarkableapp.github.io/files/remarkable_1.62_all.deb/ . En el directorio donde está el fichero descargado ejecutamos:

```
sudo dpkg --install
remarkable_1.62_all.deb
```

Si queremos un IDE más robusto y general podemos usar Eclipse http://www.eclipse.org/ide/

```
sudo apt-get install eclipse
```

Otro IDE para desarrollar aplicaciones puede ser Ubuntu-sdk:

```
sudo add-apt-repository ppa:ubuntu-sdk-
team/ppa

sudo apt update && sudo apt install
ubuntu-sdk

sudo apt update && sudo apt dist-upgrade
```

Se inicia desde la linea de comandos:

```
ubuntu-sdk
```

Tutorial instalar Atom en GNU/Linux

En este tutorial veremos cómo instalar Atom en GNU/Linux.

Palabras claves: atom, editor de texto, build-essential, git, curl, node, nodejs.

Atom es el editor de texto "hackeable" de GitHub, totalmente basado en tecnologías web.

Para poder instalarlo comenzamos con las dependencias básicas:

```
      sudo apt-get update
      sudo apt-get upgrade
      sudo apt-get install build-essential git
libgnome-keyring-dev fakeroot
```

También instalaremos node.js ya que Atom depende de este entorno de programación en javascript:

```
      curl -sL https://deb.nodesource.com/setup
| sudo bash -
      sudo apt-get install -y nodejs
```

Para saber la versión de Node.js:

```
      node -v
```

Node.js instalará npm automáticamente, para configurarlo:

```
      npm config set python /usr/bin/python2 -g
```

Para instalar Atom abrimos un terminal y clonamos el código de Git:

```
      git clone https://github.com/atom/atom
```

Cambiamos al directorio de Atom:

```
      cd atom
      git fetch -p
      git checkout $(git describe --tags `git
```

```
rev-list --tags --max-count=1`)
```

Construimos Atom:

```
script/build
```

Ahora ya podemos ejecutar Atom. Otra opción es crear un fichero ejecutable .deb, lo hacemos con el siguiente comando:

```
script/grunt mkdeb
```

Más información en: http://nodejs.org/ (idioma inglés) y https://atom.io/ (idioma inglés)

Tutorial instalar Brackets en GNU/Linux para desarrollo web

En este tutorial veremos cómo instalar y configurar Brackets, un editor de textos de fuente abierta (open source) desarrollado por Adobe orientado a la programación web. Con él se puede editar HTML, CSS y javascript, entre otros lenguajes utilizados en la web.

Palabras claves: Brackets, editor de textos, HTML, CSS, javascript, desarrollo web.

Para instalarlo primero lo descargamos del repositorio de Adobe en Git:

```
wget https://github.com/adobe/brackets/releases/download/release-0.44/Brackets.Release.0.44.64-bit.deb
```

Lo instalamos con:

```
sudo dpkg -i Brackets.Release.0.44.64-bit.deb
```

Para poder abrirlo, en la terminal escribimos:

```
brackets
```

Más información en https://github.com/adobe/brackets (idioma inglés) y en http://brackets.io (idioma inglés)

Usando aplicaciones en GNU/Linux

Tutorial cálculos y otras utilidades desde la línea de comando en Ubuntu o Debian GNU/Linux

Tutorial básico Vim

Tutorial usar Vim en varias pestañas a la vez

Tutorial usar Vim con plugins

Tutorial convertir páginas web a pdf

Tutorial instalar y usar youtube-dl para bajar musica

Tutorial crear imágenes QR de páginas web en GNU/Linux con qrencode

Tutorial usar Pngquant en GNU/Linux

Compresor de imágenes Trimage

Tutorial extraer páginas de ficheros pdf con PDFTK en GNU/Linux

Tutorial uniendo ficheros pdf con PDFTK en GNU/Linux

Tutorial transferir ficheros usando SCP

Tutorial abrir múltiples consolas en una sola ventana con Tmux en GNU/Linux

Tutorial compartir sesiones SSH con Tmux en GNU/Linux

Tutorial abrir múltiples consolas en una sola ventana con Byobu en GNU/Linux

Palabras claves: utilidades Unix, who, whoami, date, cal, lsb_release, bc, apcalc, editar ficheros, vim, vim plugins, pathogen.vim, auto-pairs, nerdtree, vim-colors-solarized, cutycapt, convertir html a imagen, html a pdf, youtube-dl, bajar música, convertir vídeo a audio, vídeo a mp3, imagen QR, qrencode, pngquant, trimage, comprimir imágenes, pdftk, editar pdf, scp, secure copy, transferir ficheros, tmux, múltiples consolas, terminal multiplexer, compartir sesiones, ssh con tmux, byobu.

Tutorial cálculos y otras utilidades desde la línea de comando en Ubuntu o Debian GNU/Linux

En este tutorial veremos algunas simples utilidades que sirven para hacer cálculos, saber la hora, ver un calendario, la versión del sistema operativo o los usuarios activos desde la línea de comandos en sistemas Unix, Ubuntu y Debian GNU/Linux.

Palabras claves: utilidades Unix, who, whoami, date, cal, lsb_release, bc, apcalc

primero comenzamos abriendo un terminal y escribiendo who, que nos dice quien está usando el sistema:

```
who
```

Whoami en cambio nos dice quien somos:

```
whoami
```

Date nos dice el día y la hora actual:

```
date
```

Cal nos muestra un calendario del mes actual. Para ver un calendario de un mes específico escribimos por ejemplo:

```
cal 12 2012
```

Que nos muestra el calendario de diciembre 2012.

Para saber qué versión del sistema operativo estamos usando usamos:

```
lsb_release -a
```

Si queremos hacer operaciones aritméticas desde la líneas de comando tenemos dos opciones:

```
echo $((50000-49000))
```

O usando bc:

```
echo "50000-49000" | bc
```

También podemos instalar apcalcalc:

```
sudo apt-get install apcalc
```

y hacer cálculos usando calc:

```
calc 50000-49000
```

Tutorial básico Vim

En este tutorial veremos como podemos usar el famoso editor Vim en GNU/Linux para editar un fichero.

Nota: Este es un tutorial muy básico. En las referencias encontrareis interesantes enlaces para profundizar vuestros conocimientos

Palabras claves: Vim, editar fichero, línea de comandos, command line.

Abrimos un terminal y escribimos:

```
vim mi_primer_fichero.txt
```

Se os presentará una pantalla totalmente en blanco. Para poder escribir apretamos la tecla *i* (insert en inglés) y escribimos

"Este es mi primer fichero en Vim"

Con la tecla *intro* pasamos a la segunda línea y escribimos

"Esta es la segunda línea"

Vim tiene 2 modos de trabajo: Inserción (tecla *i*) que sirve para edición y Normal (tecla *escape*) que sirve para navegar por el texto.

Entonces para salir apretamos la tecla *escape* y para movernos dentro del documento usamos las teclas:

```
    k
h       l
    j
```

Esto nos permite subir, ir a la izquierda, ir a la derecha y bajar respectivamente dentro del documento.

Finalmente para salir guardando los cambios escribimos:

```
:wq!
```

w es de escribir (write en inglés) *q* es salir (quit en inglés) y con esa orden le dijimos a Vim de guardar los cambios y salir. Para salir sin guardar los cambios:

```
:q!
```

Ahora si sabéis inglés os sugiero que hagáis un excelente tutorial interactivo que encontrareis en: http://www.openvim.com/tutorial.html (idioma inglés)

Tutorial usar Vim en varias pestañas a la vez

En este tutorial veremos como usar Vim con varias pestañas a la vez en sistemas GNU/Linux.

Palabras claves: Vim, básico, línea de comando, Debian, Ubuntu, GNU/Linux.

Primero abrimos un terminal y creamos un fichero de texto:

```
vim texto1.txt
```

Apretamos la tecla *i* para inserir texto y escribimos:

```
Este es el fichero texto1
```

Apretamos la tecla *Esc* para salir del modo inserir y salvamos los cambios:

```
:w texto1.txt
```

Creamos otra pestaña con la orden:

```
:tabnew
```

Veremos que en la parte superior tendremos dos pestañas, para saltar de una a otra usamos las teclas *gt*:

```
gt
```

Para volver a la pestaña anterior:

```
gT
```

Creamos el fichero texto2.txt en una nueva pestaña:

```
:tabn texto2.txt
```

En la nueva pestaña apretamos la tecla *i* para inserir texto y escribimos:

```
Este es el fichero texto2
```

Apretamos la tecla *Esc* para salir del modo inserir y salvamos los cambios:

```
:w!
```

Para cerrar la pestaña:

```
:tabo
```

Para cerrar todas las pestañas:

```
:tabdo q
```

Para abrir varios ficheros en pestañas a la vez:

```
vim texto1.txt texto2.txt -p
```

Para la ayuda:

```
:tab help
```

Mayor información la podéis encontrar en http://vim.rtorr.com/lang/es_es/

Tutorial usar Vim con plugins

En este tutorial veremos como podemos instalar plugins en Vim utilizando el instalador de plugins pathogen.vim.

Palabras claves: Vim, plugins, pathogen.vim, auto-pairs, nerdtree, vim-colors-solarized, línea de comando, Debian, Ubuntu, GNU/Linux.

Primero vamos crear los directorios *autoload* e *bundle*. Abriendo un terminal escribimos:

```
mkdir -p ~/.vim/autoload ~/.vim/bundle
```

Descargamos el Plug-in Patoghen para gestionar los plugins de Vim:

```
curl -LSso ~/.vim/autoload/pathogen.vim
https://tpo.pe/pathogen.vim
```

Vamos al directorio *bundle* para descargar nuestro Plug-in:

```
cd .vim/bundle
```

Descargamos el Plug-in auto-pairs para insertar o borrar paréntesis, corchetes o comillas en pares:

```
git clone
https://github.com/jiangmiao/auto-pairs.git
```

Descargamos el Plug-in nerdtree para navegar por directorios dentro de Vim:

```
git clone
https://github.com/scrooloose/nerdtree.git
```

Descargamos el Plug-in vim-colors-solarized para dar color a Vim:

```
git clone
git://github.com/altercation/vim-colors-
solarized.git
```

Finalmente vamos a editar el fichero de configuración de Vim para habilitar estos plugins:

```
vim vimrc
```

Escribimos lo siguiente dentro del fichero:

```
execute pathogen#infect()
syntax enable
set background=dark
colorscheme solarized
filetype plugin indent on
```

Mayor información la podéis encontrar en https://github.com/tpope/vim-pathogen , http://vimawesome.com , http://www.vim.org/vimscriptlinks.php (idioma inglés)

Tutorial convertir páginas web a pdf

CutyCapt es una utilidad de línea de comando que captura una página web y la convierte a una imagen o documento con formato de fichero SVG, PDF, PS, PNG, JPEG, TIFF, GIF, ó BMP.

Palabras claves: cutycapt, convertir html a imagen, html a pdf.

En GNU/Linux Ubuntu la instalamos con:

```
        sudo apt-get install cutycapt
```

Para usarla, desde el terminal escribimos:

```
        cutycapt --url=http://wwww.fortinux.com
--out=nombre-fichero.png
```

Esto nos creará el fichero nombre-fichero.png con la imagen de toda la página web.

CutyCapt: http://cutycapt.sourceforge.net (idioma inglés)

Otras opciones que encontrareis en Internet: http://snapito.com (idioma inglés) y http://convertwebpage.com (idioma inglés)

Tutorial instalar y usar youtube-dl para bajar musica

youtube-dl es una pequeña aplicación de línea de comando que sirve para bajar videos de YouTube.com y de algunos otros sitios.

Palabras claves: youtube-dl, convertir vídeo a audio, vídeo a mp3.

Primero instalamos dependencias para convertir vídeo a mp3:

```
sudo apt-get install -y libav-tools
sudo apt-get install ffmpeg
```

Instalamos youtube-dl:

```
sudo curl https://yt-dl.org/downloads/2014.10.15/youtube-dl -o /usr/local/bin/youtube-dl
```

Damos permisos al nuevo directorio:

```
sudo chmod a+x /usr/local/bin/youtube-dl
```

Descargamos nuestra primer fichero mp3:

```
youtube-dl -t --extract-audio --audio-format mp3 http://www.youtube.com/watch?v=8ptfyhBjXj8
```

Más información en: http://rg3.github.io/youtube-dl (idioma inglés)

Tutorial crear imágenes QR de páginas web en GNU/Linux con qrencode

Qrencode es una utilidad que permite generar imágenes QR de una página web.

Palabras claves: qrencode, crear imagen QR.

Primeramente vamos a instalar la utilidad y los ejemplos de ayuda:

```
aptitude install qrencode
apt-get install libdecodeqr-examples
```

Para crear una imagen QR escribimos lo siguiente:

```
qrencode -s 6 "http://www.fortinux.com/"
-o fortinux-qr.png
```

en donde:
-o = nombreimagen.png
-s = tamaño de la imagen
" " = enlace o texto con mensaje que deseemos escribir

Para conocer otros parámetros a usar podemos consultar la ayuda:

```
man qrencode
```

Para leer código QR primero nos ubicamos en el directorio donde se encuentra el fichero, luego abrimos la consola y escribimos la siguiente linea de código:

```
libdecodeqr-simpletest fortinux-qr.png
```

Más información en:
http://manpages.ubuntu.com/manpages/trusty/man1/qrencode.1.html
(idioma inglés)

Tutorial usar Pngquant en Linux

En este tutorial aprenderemos a usar pngquant para reducir el tamaño de imágenes .png en Linux. Especialmente útil para diseñadores / programadores que precisan optimizar imágenes para un sitio web o juego de PlayStation.

Palabras claves: pngquant, reducir tamaño imagen, diseño web, web design, sitio web.

Lo primero será descargar el utilitario desde http://www.pngquant.org/releases.html . Abrimos un terminal, vamos al directorio donde está el fichero y escribimos nuestro primer comando:

```
sudo dpkg -i pngquant_version_del_fichero.deb
```

Este comando creará un directorio "pornel-pngquant-version_del_fichero". Vamos dentro del mismo y escribimos para instalar el utilitario:

```
sudo make install
```

Una vez instalado, para usarlo hay que ir al directorio donde está la imagen y escribir:

```
pngquant nombre_de_la_imagen.png
```

Si dentro del directorio hay varias imágenes podemos utilizar:

```
pngquant *.png
```

Pngquant creará los ficheros optimizados con la terminación del nombre de ellos "-fs8.png", dejando los originales intactos.

Para ver más opciones, podéis visitar: http://www.pngquant.org
(idioma inglés) ó la página web:
http://www.github.com/pornel/pngquant (idioma inglés)

Compresor de imágenes Trimage

Una herramienta multiplataforma para optimizar ficheros PNG y JPG.

Inspirada en "imageoptim": http://imageoptim.pornel.net , Trimage es una herramienta multiplataforma que optimiza ficheros PNG y JPG utilizando para ello los utilitarios "Optipng": http://optipng.sourceforge.net ,
"Advpng": http://advancemame.sourceforge.net/comp-readme.html y "Jpegoptim": http://www.kokkonen.net/tjko/projects.html#jpegoptim, dependiendo del tipo de fichero (PNG o JPG).

Se puede utilizar desde la línea de comandos o con una simple interfaz gráfica creada por el autor.

Palabras claves: trimage, compresor de imagen, diseño web.

Para instalarla en Ubuntu basta abrir un terminal y ejecutar:

```
sudo apt-get install trimage
```

La página del autor: http://trimage.org (idioma inglés)

Tutorial extraer páginas de ficheros pdf con PDFTK en Linux

PDFTK (PDF Toolkit) es una aplicación muy simple que permite manipular ficheros con extensión pdf. Para ver todas las posibilidades del programa os paso el sitio web oficial: http://www.pdflabs.com .

Palabras claves: pdftk, editar pdf.

Abrimos un terminal y para instalar PDFTK escribimos nuestro primer comando:

```
sudo apt-get install pdftk
```

Una vez instalado, vamos al directorio donde tenemos los ficheros pdf y escribimos:

```
        pdftk A=nombre-de-fichero.pdf cat A52-57
output salida.pdf
```

Con 'cat A52-57' indicamos que queremos extraer desde la página 52 a la página 57 inclusive, para ser colocadas en un nuevo fichero llamado salida.pdf.

Si por ejemplo queremos extraer páginas de 2 ficheros:

```
        pdftk A=fichero1.pdf B=fichero2.pdf cat
A52-57 B1 output salida.pdf
```

Con 'cat A52-57 B1' indicamos que queremos extraer desde la página 52 a la página 57 inclusive del fichero1.pdf, y la página 1 del fichero2.pdf, que serán colocadas en el nuevo fichero salida.pdf.

Tutorial uniendo ficheros pdf con PDFTK en Linux

En este tutorial veremos como unir varios ficheros pdf en uno solo usando PDFTK (PDF Toolkit).

Para ver todas las posibilidades del programa os paso el sitio web oficial: http://www.pdflabs.com/tools/pdftk-the-pdf-toolkit .

Palabras claves: pdftk, editar pdf.

Abrimos un terminal y para instalar PDFTK, escribimos nuestro primer comando:

```
sudo apt-get install pdftk
```

Una vez instalado, vamos al directorio donde tenemos los ficheros pdf y escribimos:

```
pdftk 1.pdf 2.pdf 3.pdf output salida.pdf
```

Aquí indicamos cuáles ficheros serán unidos en uno solo (también podemos usar el comando *`pdftk *.pdf output salida.pdf`*)

Tutorial transferir ficheros usando SCP

En este tutorial veremos como podemos transferir ficheros desde nuestro ordenador a un servidor/ordenador remoto o viceversa, usando el comando scp (Secure Copy) en Ubuntu GNU/Linux a través de ssh.

Palabras claves: scp, secure copy, transferir ficheros, servidor.

Para copiar un fichero que está en nuestro ordenador local a un servidor remoto, abrimos un terminal y escribimos:

```
scp -P 8600 imagen.png root@10.0.4.1:/var/www/html/images
```

Donde:

-p 8600 es la puerta del ssh del servidor remoto,
image.png es el fichero a transferir,
root es nuestro nombre de usuario del servidor,
10.0.4.1 es la IP del servidor aunque puede ser reemplazada por el dominio,
/var/www/html/images es el directorio del servidor donde será copiada la imagen.

Por el contrario, para descargar un fichero desde el servidor remoto al directorio *images* de nuestro ordenador escribimos:

```
scp 'root@10.0.4.1:/var/www/html/images/*.png' images/
```

Tutorial abrir múltiples consolas en una sola ventana con Tmux en GNU/Linux

En este tutorial veremos como usar un multiplexador de consolas para trabajar con varias aplicaciones simultáneamente en una sola consola GNU/Linux.

Palabras claves: tmux, multiplexador de consolas, terminal multiplexer.

Tmux Terminal Multiplexer es un programa que permite trabajar con varios programas en una sola ventana, o cambiarlos a otra ventana sin pararlos.

Para instalar Tmux:

```
sudo apt-get install tmux
```

Cuando Tmux inicia crea una nueva sesión con una sola ventana y la muestra en la pantalla. La parte inferior de la misma sirve para información y para ingresar órdenes.

Abrimos un terminal y escribimos:

```
tmux
```

En la ventana que se nos abre ya podemos comenzar a usar el programa usando la tecla *ctrl + b* y luego la tecla de combinación. Para abrir una ventana:

```
Ctrl + b c
```

Para ir a la ventana anterior:

```
ctrl + b p
```

Para ir a la siguiente ventana:

```
ctrl + b n
```

Listar las ventanas para poder seleccionar una de ellas:

```
ctrl + b w
```

Renombra ventana:

```
ctrl + b ,
```

Para dividir la ventana en dos paneles:

```
Ctrl + b %
```

Para ir al siguiente panel:

```
Ctrl + b {
```

Para ir al panel anterior:

```
Ctrl + b }
```

Para cerrar el panel:

```
Ctrl + b x
```

Para cerrar la ventana:

```
Ctrl + b &
```

Para crear una nueva sesión llamada nueva-sesion:

```
tmux new -s nueva-sesion
```

Más información en:
http://manpages.ubuntu.com/manpages/trusty/man1/tmux.1.html
(idioma inglés)

Tutorial compartir sesiones SSH con Tmux en GNU/Linux

En este tutorial veremos como, por ejemplo, se pueden compartir sesiones SSH en un servidor GNU/Linux.

Palabras claves: tmux, multiplexador de consolas, ssh, compartir sesión, GNU/Linux.

Supongamos para el ejemplo que tenemos un ordenador llamado 'uno' con usuario 'uno', otro llamado 'dos' con usuario 'dos', y el servidor al que nos queremos conectar por SSH con IP 10.0.0.11.

Desde el ordenador 'uno', abrimos un terminal y iniciamos Tmux:

```
tmux
```

Ahora nos conectamos al servidor por SSH:

```
ssh uno@10.0.0.11
```

Nos pedirá la seña, la escribimos y ya estamos conectados al servidor. En la terminal del servidor creamos una sesión para compartir llamada 'compartiendo':

```
tmux new-session -s compartiendo
```

En el ordenador 'dos' seguimos los pasos anteriores para conectarnos al servidor, y cuando ya estamos logueados en la terminal del servidor verificamos las sesiones de Tmux abiertas con:

```
tmux list-sessions
```

nos aparecerá la sesión 'compartiendo' creada por el usuario 'uno'. para conectarnos a ella escribimos:

```
tmux attach -t compartiendo
```

Ahora tendremos a los dos usuarios compartiendo la misma sesión.

Finalmente para salir de la sesión usamos la combinación de teclas:

```
ctrl + b d
```

Tutorial abrir múltiples consolas en una sola ventana con Byobu en GNU/Linux

En este tutorial veremos como usar un multiplexador de consolas para trabajar con varias aplicaciones simultáneamente en una sola consola GNU/Linux.

Palabras claves: byobu, multiplexador de consolas, terminal multiplexer.

Byobu Terminal Multiplexer es un programa que permite trabajar con varios programas en una sola ventana, o cambiarlos a otra ventana sin detenerlos.

Para instalar Byobu:

```
sudo apt-get install byobu
```

Cuando Byobu inicia crea una nueva sesión con una sola ventana y la muestra en la pantalla. La parte inferior de la misma sirve para información y para ingresar órdenes.

Abrimos un terminal y escribimos:

```
byobu
```

En la ventana que se nos abre ya podemos comenzar a usar el programa abriendo por ejemplo la ayuda usando la tecla *Shift + F1*:

```
Shift + F1
```

Para abrir una nueva ventana apretamos la tecla *F2*:

```
F2
```

Para cambiar entre las ventanas abiertas tenemos cuatro opciones:

```
F3    F4    alt + FlechaIzquierda    alt + FlechaDerecha
```

Para dividir la ventana en dos paneles horizontales:

```
Shift + F2
```

Para dividir en paneles verticales:

```
Ctrl + F2
```

Para cambiar entre sesiones:

```
alt + FlechaArriba        alt + FlechaAbajo
```

Para cambiar entre paneles:

```
Shift + F3     Shift + F4
Shift + FlechaIzquierda       Shift + FlechaDerecha
Shift + FlechaArriba  Shift + FlechaAbajo
```

Para mover el panel:

```
Ctrl + F3   Ctrl + F4
```

Para mover la ventana:

```
Ctrl + Shift + F3 Ctrl + Shift + F4
```

Para aumentar o disminuir el tamaño de los paneles:

```
Shift + alt + FlechaIzquierda
Shift + alt + FlechaDerecha
Shift + alt + FlechaArriba
Shift + alt + FlechaAbajo
```

Para configurar la barra de estado en la parte inferior de la ventana:

```
F9
```

Para cerrar el panel:

```
Ctrl + F6
```

Más información en: http://byobu.co (idioma inglés)

Administrar GNU/Linux

Tutorial qué es root y como usarlo en GNU/Linux

Tutorial como funciona el proceso de inicio en GNU/Linux

Tutorial como funcionan los niveles de ejecución en GNU/Linux

Tutorial gestionar procesos en un sistema operativo GNU/Linux

Tutorial ver los servicios activos en Ubuntu o Debian GNU/Linux

Tutorial ver programas instalados en GNU/Linux

Tutorial configurando un sistema RAID en GNU/Linux

Tutorial crear o eliminar particiones en GNU/Linux con fdisk

Tutorial crear o eliminar una partición swap en GNU/Linux

Tutorial formatear particiones en GNU/Linux

Tutorial montar y desmontar un pendrive usb en GNU/Linux

Tutorial Montar particiones NTFS en GNU/Linux Ubuntu

Tutorial montar particiones NFS en una red GNU/Linux

Tutorial configurar la red en GNU/Linux

Tutorial compartir ficheros en red con Samba

Tutorial Configurar Impresora en una red GNU/Linux

Tutorial crear una red privada virtual VPN

Tutorial dar permisos de sudo a un usuario con visudo

Tutorial configurar usuarios en GNU/Linux

Tutorial configurar grupos de usuarios en GNU/Linux

Tutorial gestionar permisos y atributos de ficheros en GNU/Linux

Tutorial gestionar atributos extendidos de ficheros en GNU/Linux

Tutorial comandos del sysadmin GNU/Linux

Tutorial usar traceroute y MTR para diagnosticar problemas de una red

Tutorial instalar y usar sysdig para monitorizar sistemas GNU/Linux

Tutorial usar sysdig para monitorizar containers en GNU/Linux

Tutorial login con llave SSH en un servidor GNU/Linux

Tutorial mantener programas ejecutando en el servidor aún cuando salimos de la consola SSH

Palabras claves: root, sudo, su, administrador, sudoers, gksudo, BIOS, MBR, EFI, UEFI, sistema de inicio, boot loader, niveles de ejecución, runlevels, init, proceso, tarea, thread, service status, netstat, ps, fg, bg, RAID, disco duro, mdadm, programas, editar particiones, swap, montar particiones, mount, NTFS, NFS, compartir directorio en red, servidor, cliente, ifconfig, Samba, compartir ficheros, grupo de trabajo, red local, LAN, VPN, OpenVPN, red privada virtual, PKI, visudo, configurar usuario, usermod, userdel, groupadd, groupdel, cambiar permisos, atributos de fichero, chmod, chown, chattr, lsattr, attr, extended file attributes, sysadmin, top, w, uptime, vmstat, free, iostat, mpstat, ss, traceroute, mtr, sysdig, SSH, nohup.

Tutorial qué es root y como usarlo en GNU/Linux

En este tutorial veremos para qué sirve la cuenta de root en GNU/Linux y cómo usarla.

Palabras claves: root, sudo, su, administrador, sudoers, gksudo.

El usuario *root* de un sistema operacional GNU/Linux es el administrador del mismo. Él tiene los permisos necesarios para realizar cualquier tipo de tarea.

Los usuarios comunes en cambio, no tienen permisos para instalar programas o escribir en los directorios de sistema. Por lo tanto, para realizar cualquier acción que necesite permisos de *root*, deben usar *sudo* ó *su*.

Si queremos convertirnos en administradores del sistema (*root*) escribimos:

```
su
```

Nos pide la clave de *root*, la escribimos y ya somos *root*.

Si queremos cambiar de usuario:

```
su nombre_de_usuario
```

Y escribimos la clave del usuario.

Para dejar de ser *root*:

```
exit
```

sudo en cambio, sirve para ejecutar un comando como *root* sin dejar de ser un usuario común. Lo usamos por ejemplo para instalar el programa Gimp:

```
sudo apt-get install gimp
```

Nos pide la clave de *root*, la escribimos y ya tenemos permiso para instalar el programa.

Importante: Si el usuario de un programa no está dentro del grupo *sudoers* no va a poder usar *sudo*. Para agregarlo al grupo:

```
sudo adduser nombre_de_usuario sudo
```

Para cambiar la clave de *root* escribimos:

```
sudo passwd root
```

En Ubuntu, tenemos también un ambiente gráfico especial con permisos de *root*:

```
gksudo nautilus
```

Nos pedirá la clave de *root* y nos abrirá una ventana en el directorio del administrador *root*. Desde allí podremos navegar por los directorios del sistema como administradores.

Más información en: http://www.howtogeek.com/111479/htg-explains-whats-the-difference-between-sudo-su (idioma inglés)

Tutorial como funciona el proceso de inicio en GNU/Linux

En este tutorial veremos como funciona el proceso de inicio de un sistema operativo GNU/Linux.

Palabras claves: BIOS, MBR, EFI, UEFI, sistema de inicio, boot loader, kernel, grub, isolinux, RAM, initrd, initramfs, sbin/init, x window.

El proceso de arranque de un ordenador empieza en la BIOS que inicia el hardware a través de un firmware instalado en un chip EEPROM.

Este chip hace un test llamado POST a los componentes del ordenador y carga en la memoria principal el sistema de inicio (boot loader). Éste, que está alojado en el MBR o en la partición EFI, es controlado por el sistema operativo.

Grub e *isolinux* son los sistemas de inicio de GNU/Linux más conocidos y se dividen en dos partes: la primera examina la MBR para buscar la partición de inicio y carga el sistema de arranque (por ejemplo *Grub*) en la memoria RAM.

En la segunda parte, *grub* carga el kernel y un sistema de ficheros inicial (initrd o initramfs) en la RAM. Una vez que el kernel ha configurado el hardware y montado el sistema de ficheros, inicia el proceso init localizado en /sbin/init que es el encargado de iniciar los demás procesos necesarios (cambia a modo multiusuario, inicia getty) para finalmente dejar el sistema operativo listo para usar.

En sistemas EFI/UEFI en cambio, el firmware UEFI lee su sistema de inicio propio para determinar que programa UEFI va a iniciar.

http://www.ibm.com/developerworks/library/l-linuxboot/index.html (idioma inglés)

Tutorial como funcionan los niveles de ejecución en GNU/Linux

En este tutorial veremos como funcionan los niveles de ejecución en un sistema operativo GNU/Linux.

Palabras claves: LSB, niveles de ejecución, runlevels, init.

Aclaración: el LSB (Linux Standard Base) establece que los sistemas operativos GNU/Linux funcionan con 7 niveles de ejecución pero éstos varían entre las distintas distribuciones. En este caso, nos basaremos en Debian GNU/Linux.

El proceso init es el encargado de iniciar los niveles de ejecución (runlevels) del sistema operativo.

Por ejemplo, el nivel 0 es el de apagado del ordenador, el nivel 1 es en modo monousuario (root), del nivel 2 al 5 son multiusuario con red y sistema gráfico, y por último el nivel 6 es para reiniciar el sistema operativo.

Para saber en que nivel estamos tenemos dos opciones como root y usuario respectivamente:

```
runlevel

who -r
```

Para cambiar de nivel, por ejemplo, poner el sistema en modo manutención sin red:

```
init 1
```

Si queremos reiniciar el sistema:

```
init 6
```

Más información en: http://wiki.linuxquestions.org/wiki/Run_Levels (idioma inglés)

Tutorial gestionar procesos en un sistema operativo GNU/Linux

En este tutorial veremos como gestionar procesos en un sistema operativo GNU/Linux.

Palabras claves: proceso, tarea, thread, ps, fg, bg.

Un proceso es simplemente una instancia de una o más tareas (threads) relacionadas que se ejecutan en el ordenador.
Tenemos procesos interactivos tipo *bash* o *Firefox* que deben ser iniciados por el usuario, procesos en lote (batch) tipo *updatedb* que son automáticos, demonios (daemons) que funcionan sin interrupción tipo *httpd* o *xinetd*, o procesos del kernel. Los procesos tienen prioridad que va de -20 como la más alta hasta 19, la más baja, y un identificador llamado PID.

Para saber que procesos se están ejecutando ahora en forma detallada:

```
ps -ef
```

Conocer los procesos de un usuario:

```
ps -u nombre_usuario
```

Para ver de todos los usuarios:

```
ps -aux
```

Para ver los procesos en tiempo real:

```
htop
```

Para poner un proceso en segundo plano (bg), por ejemplo htop:

```
htop &
```

Para pasar ese proceso a primer plano:

```
fg htop
```

Tutorial ver los servicios activos en Ubuntu o Debian GNU/Linux

En este tutorial aprenderemos a descubrir y gestionar los servicios activos en Ubuntu o Debian utilizando la línea de comando en GNU/Linux.

Palabras claves: service status, línea de comandos, command line, shell, bash, netstat.

Para saber que servicios están activos en un servidor Ubuntu o Debian escribimos (para salir usamos *q*):

```
service --status-all | less
```

El resultado se lee de la siguiente manera: "+" iniciado, "-" parado "?" desconocido.

Otra opción es listar los servicios viendo los scripts que los controlan en:

```
ls /etc/init.d
```

Para obtener una lista de los servicios gestionados por *upstart*:

```
sudo initctl list
```

Otra opción es usando el comando *ps*:

```
ps -ef | less
```

Si queremos saber sobre un servicio solamente, por ejemplo el servidor Apache:

```
sudo service apache2 status
```

Para parar un servicio:

```
sudo service apache2 stop
```

Para iniciar un servicio:

```
sudo service apache2 start
```

Para reiniciar un servicio:

```
sudo service apache2 restart
```

Para saber que conexiones activas y puertos tiene el servidor:

```
netstat -plnt
```

Estos comandos fueron recopilados de: http://stackoverflow.com/questions/18721149/check-if-a-particular-service-is-running-on-ubuntu (idioma inglés), entre otros.

Tutorial ver programas instalados en GNU/Linux

En este tutorial aprenderemos a ver qué programas y sus versiones tenemos instalados en nuestro GNU/Linux.

Palabras claves: programas, dpkg, grep.

Para saber que programas están instalados escribimos en un terminal:

```
dpkg --get-selections
```

Si la lista es muy larga, podemos buscar solo el programa que necesitamos:

```
dpkg --get-selections | grep python
```

Y para saber donde está situado:

```
dpkg -L phyton-apt
```

Tutorial configurando un sistema RAID en GNU/Linux

En este tutorial veremos como podemos configurar un sistema RAID en GNU/Linux.

Palabras claves: RAID, disco duro, mdadm.

Un sistema RAID es un "conjunto redundante de discos independientes" (el significado de la traducción del inglés RAID) que permite almacenar datos de forma distribuida en varios discos como si fueran uno solo.

Para poder crear un sistema RAID tenemos que tener al menos dos discos duros, siendo conveniente que éstos tengan la misma capacidad.

Para configurar dos discos duros (*sdb1, sdc1*) como RAID 0 en GNU/Linux vamos a usar la herramienta *mdadm*. Para instalarla:

```
sudo apt-get update

sudo apt-get install mdadm
```

Ahora para configurar el RAID:

```
mdadm --create --verbose /dev/md0
--level=0 --raid-devices=2  /dev/sdb1 /dev/sdc1
```

Ahora lo vamos a iniciar:

```
mdadm --assemble /dev/md0 /dev/sdb1
/dev/sdc1
```

Otra opción para iniciar el RAID:

```
mdadm --assemble --scan
```

Para añadir un disco a un RAID activo:

```
mdadm /dev/md0 --add /dev/sdd1
```

Para eliminar el disco /dev/sdb1 del RAID /dev/md0:

```
mdadm /dev/md0 --fail /dev/sdb1
--remove /dev/sdb1
```

Si alguna vez queremos saber como está configurado el RAID:

```
mdadm -E /dev/md0
```

Si alguna vez queremos editarlo, podemos usar el fichero de configuración:

```
/etc/mdadm/mdadm.conf
```

Más información en http://es.wikipedia.org/wiki/RAID y en http://elpuig.xeill.net/Members/vcarceler/articulos/mdadm-una-nueva-herramienta-para-la-gestion-de-raid-mediante-software-en-linux

Tutorial crear o eliminar particiones en GNU/Linux con fdisk

Una partición es una sección de un disco rígido que es tratada como si fuera otro disco independiente.

Esto puede ser útil por ejemplo para dedicar un espacio único para nuestros ficheros importantes o para colocar los ficheros multimedia.

En este tutorial veremos como crear o eliminar particiones en GNU/Linux.

Palabras claves: partición, disco rígido, hard drive, GNU/Linux, sistema operativo, fdisk.

Para saber cómo está configurado nuestro disco rígido:

```
df -Th
```

Para por ejemplo particionar el segundo disco rígido:

```
sudo fdisk /dev/sdb
```

Nos aparecerá el cursor ya listo par dar una orden. escribimos *m* para la ayuda:

```
m
```

Las otras opciones importantes son:

n crea una partición
d borra una partición
l muestra los tipos de particiones
t modifica el tipo de partición
p muestra la tabla de particiones
w escribe los cambios y sale
q sale sin guardar los cambios

Por ejemplo para crear una partición escribimos *n*, luego *p* (primaria) o *e* (extendida) y finalmente *w* para escribir los cambios.

Nota: Otra herramienta más nueva es la suite *GPT fdisk* que permite crear hasta 128 particiones y elimina la restricción de discos mayores de 2TiB del MBT.

Más información en:
http://manpages.ubuntu.com/manpages/trusty/es/man8/fdisk.8.html (idioma inglés) http://www.ibm.com/developerworks/linux/library/l-gpt/index.html (idioma inglés)

Tutorial crear o eliminar una partición swap en GNU/Linux

Una partición swap es una partición que actúa como memoria de intercambio, y se usa como si fuera memoria RAM cuando ésta no es suficiente. En este tutorial veremos como crearla en GNU/Linux.

Palabras claves: partición de intercambio, swap, disco rígido, hard drive, GNU/Linux, sistema operativo.

El fichero que tiene la configuración de nuestros discos rígidos y particiones es /etc/fstab. Para saber si tenemos una partición swap en nuestro sistema operativo:

cat /proc/swaps

Por ejemplo para crear una partición swap de 512 megas primero creamos un fichero con ese tamaño:

```
sudo dd if=/dev/zero of=/mnt/512MiB.swap bs=1024 count=524288
```

Damos permisos de leer y escribir solamente a root:

```
sudo chmod 600 /mnt/512MiB.swap
```

Formateamos el fichero como swap:

```
sudo mkswap /mnt/512MiB.swap
```

Agregamos la partición al sistema operativo:

```
sudo swapon /mnt/512MiB.swap
```

Podemos ver que ya está disponible con *cat /proc/swaps* o *cat /proc/meminfo*.

Finalmente para hacer los cambios permanentes:

```
sudo vim /etc/fstab
```

Al final del fichero agregamos esta línea y salvamos los cambios:

```
/mnt/512MiB.swap  none  swap  sw  0 0
```

Reiniciando el sistema operativo veremos que ya contamos con la nueva memoria swap.

Para eliminar esa partición swap abrimos el fichero *fstab*:

```
sudo vim /etc/fstab
```

Borramos la línea */mnt/512MiB.swap none swap sw 0 0* y salvamos los cambios. Por último removemos la partición swap del sistema operativo y eliminamos el fichero:

```
sudo swapoff /mnt/512MiB.swap && sudo
rm /mnt/512MiB.swap
```

Más información en: https://help.ubuntu.com/community/SwapFaq (idioma inglés)

Tutorial formatear particiones en GNU/Linux

En este tutorial veremos cómo podemos formatear particiones y discos rígidos en GNU/Linux.

Palabras claves: mkfs, formatear particiones, disco rígido, GNU/Linux.

Comenzamos averiguando qué sistemas de ficheros soporta nuestro SO:

```
ls /sbin/mk*
```

Y dónde está la partición que queremos formatear:

```
df -Th
```

Para formatear por ejemplo la partición *sdb* con sistema de ficheros *ext4* y etiqueta *pruebas* escribimos:

```
mkfs.ext4 -L pruebas /dev/sdb
```

Más información en:
http://manpages.ubuntu.com/manpages/trusty/en/man8/mkfs.8.html
(idioma inglés)

Tutorial montar y desmontar un pendrive usb en GNU/Linux

En este tutorial veremos como montar y desmontar cualquier dispositivo externo (pendrive usb, cámara fotográfica, etc.) en GNU/Linux desde la línea de comandos.

Palabras claves: pendrive usb, montar dispositivo externo, mount, umount.

Primero verificamos donde está montado el dispositivo externo:

```
sudo fdisk -l
```

Nos aparecerá una línea de texto similar a esta:

```
/dev/sdb1   *          63     3916799
1958368+   c  W95 FAT32 (LBA)
```

Aclaración: saldrá primero el disco duro del ordenador como *hda* (si es IDE) o *sda* (si es SCSI), luego si tuviéramos otro disco duro, éste saldría como *sdb* y en ese caso, nuestro usb sería *sdc*.

Para montar el dispositivo:

```
sudo mount -t vfat /dev/sdb1 /mnt/
```

En este caso montamos el dispositivo *sdb1* en el directorio */mnt*. Para ver si está correcto:

```
df -l
```

Finalmente para desmontarlo:

```
sudo umount /dev/sdb1
```

Tutorial Montar particiones NTFS en GNU/Linux Ubuntu

NTFS es un sistema de ficheros ampliamente utilizado por los sistemas operativos de Microsoft(TM) tipo XP, Vista, etc.
En este tutorial veremos como montar particiones NTFS en GNU/Linux.

Palabras claves: montar partición, ntfs, fdisk, fstab.

Abrimos la terminal y escribimos esta orden para saber como están montadas la particiones en nuestro disco duro:

```
sudo fdisk -l
```

Creamos un directorio de nombre datos en el directorio /media donde alojar la partición:

```
sudo mkdir /media/datos
```

De nombre al directorio le he puesto datos pero le podéis poner lo que se os ocurra. Ahora editamos el fichero fstab

```
sudo gedit /etc/fstab
```

al final del fichero escribimos lo siguiente:

```
/dev/sda5 /media/datos ntfs-3g
quiet,defaults,rw 0 0
```

guardamos los cambios y al reiniciar nos aparecerá la partición en nuestro escritorio.

Tutorial montar particiones NFS en una red GNU/Linux

NFS (network file system) es un sistema de ficheros distribuidos que permite acceder en nuestro ordenador a ficheros que están localizados en un disco o partición en la red local. En este tutorial veremos cómo configurarlo en GNU/Linux.

Palabras claves: NFS, montar, compartir directorio en red, servidor, cliente.

Instalamos el servidor NFS en un ordenador de nuestra red:

```
sudo apt-get install nfs-kernel-server
```

Por ejemplo, para montar en la red el directorio *home* del servidor, abrimos el fichero */etc/exports* y escribimos:

```
/home ip-ordenador-
cliente(rw,sync,no_root_squash,no_subtree_check)
```

Donde *ip-del-servidor* es el número de la IP del servidor. El directorio tendrá permisos de lectura y escritura (*rw*).

Exportamos el directorio compartido con:

```
sudo exportfs -a
```

Ahora reiniciamos el servidor NFS:

```
sudo service nfs-kernel-server start
```

En el ordenador cliente instalamos *nfs-common*:

```
sudo apt-get install rpcbind nfs-common
```

Añadimos una línea al fichero */etc/hosts.deny*:

```
rpcbind : ALL
```

Y otra al fichero */etc/hosts.allow*:

```
rpcbind : ip-del-servidor
```

Creamos un directorio llamado *directorio-red* para montar en él el directorio *home* del servidor:

```
mkdir directorio-red
```

Montamos el directorio con:

```
sudo mount ip-del-servidor:/home
/home/usuario/directorio-red
```

Vemos si está montado:

```
mount -t nfs
```

Para que el directorio-red se monte automáticamente al iniciar el sistema operativo, abrimos el fichero */etc/fstab* y escribimos al final la siguiente línea:

```
192.168.1.8:/home
/home/usuario/directorio-red   nfs
auto,noatime,nolock,bg,nfsvers=4,intr,tcp,actime
o=1800 0 0
```

Para saber que significa esta línea podemos leer la ayuda:

```
man nfs
```

Si alguna vez queremos desmontar este directorio de red:

```
sudo umount /home/usuario/directorio-red
```

y luego eliminamos la línea añadida previamente al fichero */etc/fstab*.

Más información en:
https://www.digitalocean.com/community/tutorials/how-to-set-up-an-nfs-mount-on-ubuntu-14-04 (idioma inglés)

Tutorial configurar la red en GNU/Linux

Si tenemos problemas con la conexión a Internet, podemos configurar la red desde la línea de comandos, algo que es muy sencillo de hacer siguiendo estos pasos:

NOTA: En este ejemplo pondré como dirección IP del Router 192.168.1.1, dirección del ordenador 192.168.1.2 y los servidores DNS 8.8.8.8 y 8.8.4.4 que son los de Google®. Adaptarlos a vuestra conexión a Internet.

Abrimos un terminal y escribimos:

```
sudo gedit /etc/NetworkManager/nm-system-settings.conf
```

Os pedirá la contraseña de root, la ponéis y se os abre el fichero *nm-system-settings.conf*. En él tenemos que modificar la opción *managed* de *true* a *false*. Guardamos los cambios y cerramos el fichero.

En la misma terminal escribimos:

```
sudo gedit /etc/network/interfaces
```

se os abre el fichero interfaces, donde tendremos que escribir lo siguiente:

```
auto eth0
iface eth0 inet static
address 192.168.1.2
netmask 255.255.255.0
network 192.168.1.0
broadcast 192.168.1.255
gateway 192.168.1.1
```

Guardamos los cambios y cerramos el fichero. Ahora en la terminal escribimos:

```
sudo gedit /etc/resolv.conf
```

Se os abre el fichero *resolv.conf* donde pondréis las direcciones DNS de Google:

```
nameserver 8.8.8.8
nameserver 8.8.4.4
```

Finalmente para aplicar todos los cambios reiniciamos la red escribiendo el siguiente comando en la terminal:

```
sudo /etc/init.d/networking restart
```

Tutorial compartir ficheros en red con Samba

En este tutorial vamos a instalar y configurar Samba en Ubuntu GNU/Linux para poder compartir ficheros en nuestra red local.

Palabras claves: Samba, compartir ficheros, grupo de trabajo, red local, LAN.

El primer paso es instalar Samba en Ubuntu. Abrimos un terminal y escribimos:

```
sudo apt-get install samba
```

Una vez instalado, vamos a configurar el servicio mediante el fichero smb.conf:

```
sudo vim /etc/samba/smb.conf
```

En la sección [global] vamos a alterar nuestro grupo de trabajo (lo llamaremos LAN) y descomentamos security:

```
workgroup = LAN
...
security = user
```

Descomentamos uno de los ejemplos para los directorios compartidos y lo editamos:

```
[share]
comment = Compartir servidor de ficheros
Ubuntu
path = /srv/samba/compartir
browsable = yes
guest ok = yes
read only = no
create mask = 0755
```

Creamos el directorio compartido en nuestro ordenador y le damos los permisos necesarios:

```
sudo mkdir -p /srv/samba/compartir
sudo chown nobody:nogroup
/srv/samba/compartir/
```

Finalmente reiniciamos los servicios:

```
sudo restart smbd
sudo restart nmbd
```

Ahora ya podemos abrir un navegador de ficheros en otro ordenador de la red y escribir la IP del ordenador que tiene Samba instalado, por ejemplo:

```
\\192.168.1.1
```

En ordenadores con sistemas operativos Windows el grupo de trabajo predeterminado es Workgroup, deberíamos cambiarlo a LAN en este caso, o configurar Samba con ese grupo.

Más información en https://help.ubuntu.com/14.04/serverguide/samba-fileserver.html

Tutorial Configurar Impresora en una red GNU/Linux

En este tutorial veremos como configurar una impresora para ser usada en una red de ordenadores GNU/Linux.

Primero instalamos samba y cups:

```
sudo apt-get install cupsys samba-common
```

Vamos al fichero smb.conf y lo editamos:

```
sudo gedit /etc/samba/smb.conf
```

En la directiva "printing" buscamos la opción o la agregamos según sea el caso:

```
printing = cups
```

Una vez hecho esto vamos a configurar cups, primero modificando estos dos ficheros:

```
sudo gedit /etc/cups/mime.types
```

donde des-comentamos o agregamos según sea el caso la línea:

```
application/octet-stream
```

luego vamos al fichero:

```
sudo gedit /etc/cups/mime.convs
```

y agregamos o des-comentamos la línea:

```
application/octet-stream
application/vnd.cups-raw 0 -
```

Reiniciamos los 2 servicios para que tomen efecto los cambios y abrimos nuestro navegador en esta dirección:

```
http://localhost:631/
```

En "Tareas de administración" nos pedirá la clave de root, luego vamos a la opción añadir impresora y completamos los datos teniendo en cuenta que el nombre deber ser solo una palabra, no varias.

En conexión seleccionamos Windows Printer via Samba. Si aún no aparece esta opción seleccionamos ipp y hacemos clic en siguiente, en la url de conexión colocamos:

```
smb://server/nombre.de.la.impresora
```

(esto en caso que sea compartida por todos y no se necesite identificación para usarla)

caso contrario colocamos:

```
smb://username:password@workgroup/server/nombre.
de.la.impresora
```

En *server* se escribe la dirección *ip*, luego clic en siguiente y por último quedará configurar el controlador de la impresora.

Tutorial crear una red privada virtual VPN

En este tutorial vamos a instalar OpenVPN en Ubuntu GNU/Linux para crear una red privada virtual (VPN, Virtual Private Networking, en inglés), sumamente útil para cuando estamos en una red pública y queremos acceder a nuestro ordenador o servidor de forma segura.

Palabras claves: VPN, OpenVPN, red privada virtual, PKI.

Ahora tendremos que crear una PKI (infraestructura de llave pública). A PKI tiene un certificado llamado llave pública y otro llamado llave privada para el servidor y para cada cliente, un certificado de una Autoridad Certificadora (CA) y una llave que es usada para firmar los certificados del servidor y del cliente.

Para configurar nuestra propia Autoridad Certificadora (CA) y así poder crear certificados y llaves para un servidor *OpenVPN* y sus clientes, primero copiamos el directorio *easy-rsa* en */etc/openvpn* (todos los comandos como usuario root):

```
      mkdir /etc/openvpn/easy-rsa/
      cp -r /usr/share/easy-rsa/*
/etc/openvpn/easy-rsa/
```

Editamos */etc/openvpn/easy-rsa/vars* con nuestros datos:

```
export KEY_COUNTRY="ES"
export KEY_PROVINCE="CT"
export KEY_CITY="Barcelona"
export KEY_ORG="Mi empresa"
export KEY_EMAIL="yo@miempresa.com"
export KEY_CN=MiVPN
export KEY_NAME=MiVPN
export KEY_OU=MiVPN
```

Creamos el certificado y llave de una Autoridad Certificadora (CA):

```
cd /etc/openvpn/easy-rsa/
./clean-all
```

```
./build-ca
```

Creamos un certificado y una llave privada para el servidor:

```
./build-key-server nombredelservidor
```

Creamos los parámetros de Diffie Hellman para el servidor *OpenVPN*:

```
./build-dh
```

Copiamos los certificados y las llaves en */etc/openvpn/*:

```
cd keys/
cp nombredelservidor.crt
nombredelservidor.key ca.crt dh2048.pem
/etc/openvpn/
```

Creamos el certificado del cliente:

```
cd /etc/openvpn/easy-rsa/
./build-key cliente1
```

Copiamos los ficheros para instalar en el cliente y luego los eliminamos del servidor:

```
/etc/openvpn/ca.crt
/etc/openvpn/easy-rsa/keys/cliente1.crt
/etc/openvpn/easy-rsa/keys/cliente1.key
```

Configuramos el servidor *OpenVPN* copiando y extrayendo *server.conf.gz* en el directorio */etc/openvpn/server.conf*.

```
sudo cp
/usr/share/doc/openvpn/examples/sample-config-
files/server.conf.gz /etc/openvpn/
sudo gzip -d /etc/openvpn/server.conf.gz
```

Editamos */etc/openvpn/server.conf* con las llaves y certificados que fueron creados anteriormente:

```
vim /etc/openvpn/server.conf
ca ca.crt
```

```
cert nombredelservidor.crt
key nombredelservidor.key
dh dh2048.pem
```

Editamos */etc/sysctl.conf* descomentando la siguiente linea para habilitar IP forwarding:

```
vim /etc/sysctl.conf
#net.ipv4.ip_forward=1
```

Reiniciamos *sysctl.*

```
sudo sysctl -p /etc/sysctl.conf
```

Iniciamos el servicio:

```
service openvpn start
```

Finalmente verificamos si *OpenVPN* creo la interfaz tun0:

```
ifconfig tun0
```

Ahora tenemos que configurar nuestro ordenador cliente1 que es el que se va a conectar al servidor. Primero instalamos *OpenVPN*:

```
sudo apt-get install openvpn
```

Copiamos el fichero *client.conf* a */etc/openvpn/*:

```
sudo cp
/usr/share/doc/openvpn/examples/sample-config-
files/client.conf /etc/openvpn/
```

Copiamos las llaves y el certificado de la CA creados en el servidor en */etc/openvpn/*:

```
ca ca.crt
cert cliente1.crt
key cliente1.key
```

Editamos */etc/openvpn/client.conf*:

```
vim /etc/openvpn/client.conf
```

```
client
remote vpnserver.miempresa.com 1194
ca ca.crt
cert client1.crt
key client1.key
```

Iniciamos el cliente OpenVPN:

```
service openvpn start
```

Testamos si la interfaz tun0 fue creada:

```
ifconfig tun0
```

Le hacemos un *ping* al servidor *OpenVPN* (tiene que ser la primera IP utilizable en la red, generalmente la .1):

```
ping 10.0.0.1
```

Verificamos el ruteamiento:

```
netstat -rn
```

Basado en https://help.ubuntu.com/14.04/serverguide/openvpn.html (idioma inglés). Más información en https://openvpn.net/index.php/open-source/documentation/howto.html (idioma inglés)

Tutorial dar permisos de sudo a un usuario con visudo

En este tutorial veremos cómo podemos utilizar el comando visudo para dar permisos de root o administrador a un usuario en sistemas operativos Debian y Ubuntu GNU/Linux.

Palabras claves: visudo, sudo, línea de comando, Debian, Ubuntu, GNU/Linux.

Para dar acceso de sudo a un usuario utilizamos *visudo*, lo cual se hace con el usuario root hasta que lo agregamos. Para agregarlo, abrimos un terminal y escribimos:

```
sudo visudo
```

Se abrirá un editor de texto con el fichero */etc/sudoers*.

Buscamos la parte donde dice "User privilege specification" que será algo similar a esto:

```
# User privilege specification
root    ALL=(ALL:ALL) ALL
```

Para agregar el usuario de nombre "usuario" agregamos la siguiente línea:

```
# User privilege specification
root        ALL=(ALL:ALL) ALL
usuario     ALL=(ALL:ALL) ALL
```

Salvamos el fichero con las teclas *Ctrl* + *X* y después "Y", para finalmente apretar *intro*.

Mayor información la podéis encontrar en https://help.ubuntu.com/community/Sudoers (idioma inglés)

Tutorial configurar usuarios en GNU/Linux

En este tutorial veremos como crear, editar y/o eliminar usuarios en GNU/Linux.

Palabras claves; usuario GNU/Linux, adduser, usermod, id, userdel.

Para crear un nuevo usuario usaremos nuestra cuenta de administrador del sistema (*root*) con el siguiente comando:

```
sudo adduser nombre_usuario
```

Allí nos pedirá primero la contraseña de root y luego de crear el usuario "nombre_usuario" y el grupo "nombre_usuario", nos pedirá la contraseña del nuevo usuario.

Finalmente podemos ingresar los datos del nuevo usuario (nombre completo, teléfono, etc.) o, apretando la tecla *intro*, simplemente confirmar la creación.

Al crear la cuenta de un usuario, el sistema operativo también creará el directorio */home/nombre_usuario/*, 3 ficheros ocultos que configuran sus variables de ambiente: *.bash_logout* - *.bash_profile* - *.bashrc*, y como dijimos anteriormente un grupo con el nombre del usuario.

Para ver la información de las cuentas de usuario de nuestro sistema operativo:

```
cat /etc/passwd
```

Para ver las cuentas de los usuarios que no son del sistema, podemos usar:

```
grep /home/ /etc/passwd
```

O también podemos mostrar una simple lista de usuarios sin informaciones adicionales:

```
grep /home/ /etc/passwd | cut -d: -f1
```

Si queremos que la cuenta expire el 31-12-2015:

```
usermod --expiredate 31-12-2015
nombre_usuario
```

Para verificar a que grupos de usuarios pertenece un usuario:

```
id nombre_usuario
```

Para agregar el usuario al grupo de usuarios *users*:

```
sudo usermod --append --groups users
nombre_usuario
```

Para cambiar la ubicación del directorio *home* al directorio *tmp* de nombre_usuario:

```
usermod --home /tmp nombre_usuario
```

Para bloquear (*-L*) / desbloquear (*-U*) la cuenta del usuario:

```
usermod -L nombre_usuario
usermod -U nombre_usuario
```

Para eliminar el usuario:

```
sudo userdel -r nombre_usuario
```

Tutorial configurar grupos de usuarios en GNU/Linux

En este tutorial veremos como crear y/o eliminar grupos de usuarios en GNU/Linux.

Palabras claves: grupo de usuarios, groupadd, groupdel.

Crear un grupo de usuarios sirve para que esos usuarios puedan tener parámetros de seguridad y de acceso específicos.

Un ejemplo típico: en una empresa tendríamos los grupos "marketing", "administración", "ventas" ect. cada uno con acceso y permisos personalizados.

Para ver la información de los grupos de usuario de nuestro sistema operativo:

```
cat /etc/group | more
```

Para crear un grupo escribimos:

```
sudo groupadd nombre_grupo
```

Para verificar a que grupos pertenece un usuario:

```
id nombre_usuario
```

Para añadir nombre_usuario al grupo nombre_grupo:

```
sudo adduser nombre_usuario nombre_grupo
```

Para eliminar un usuario del grupo:

```
sudo deluser nombre_usuario nombre_grupo
```

Para eliminar un grupo:

```
sudo groupdel nombre_grupo
```

Tutorial gestionar permisos y atributos de ficheros en GNU/Linux

En este tutorial veremos como podemos cambiar permisos de lectura, escritura, ejecución y de propietario a los ficheros en GNU/Linux.

Palabras claves: permisos de ficheros, propietario de fichero, chmod, chown, atributos especiales fichero, chattr, lsattr.

Para ver los permisos del directorio en el cual estamos posicionados:

```
ls -l
```

Lo cual nos dará por ejemplo estas informaciones:

```
-rw-rw-r-- 1 usuario usuario     15912
Fev 18 20:48 fichero_de_texto.txt
```

Lo primero que leemos son los permisos - significa que es un fichero normal, *r* (read) que se puede leer, *w* (write) escribir por el propietario del fichero.

El segundo terceto (*rw-*) son los permisos del grupo de usuarios y el tercero (*r--*) para el resto de usuarios. El número que le sigue es la cantidad de enlaces

La tercera columna son el nombre del usuario y del grupo de usuarios, la cuarta columna es el tamaño del fichero, luego viene la fecha de la última modificación y por último el nombre del fichero.

```
drwxr-xr-x 2 usuario usuario      4096
Fev 28  2014 Documentos
```

En esta línea vemos una letra *d* (directory) al inicio, significa que es un directorio. Otras opciones pueden ser *l* (links) enlace y *p* (pipe). La letra *x* significa permiso para ejecutar un programa.

Por ejemplo para cambiar los permisos al fichero *fichero_de_texto.txt* escribimos:

```
chmod 664 fichero_de_texto.txt
```

Para cambiar los permisos al directorio *Documentos*:

```
chmod 755 Documentos
```

Para entender mejor el porqué de los números:

```
7           5           5
usuario     grupo       otros
r+w+x       r+x         r+x
4+2+1       4+0+1       4+0+1
```

En cuanto a los usuarios, para cambiar al propietario de un fichero:

```
chown usuario2 fichero_de_texto.txt
```

Aqui el propietario del fichero pasa a ser *usuario2* Para cambiar también el grupo sería:

```
chown usuario2:usuario2
fichero_de_texto.txt
```

Por último, los ficheros tienen atributos especiales que prohíben por ejemplo, que éstos sean movidos, borrados, modificados o renombrados. Si escribimos:

```
chattr +i fichero_de_texto.txt
```

El fichero quedará inmutable.

Si queremos en un futuro borrarlo o modificarlos:

```
lsattr fichero_de_texto.txt
```

Más información en https://wiki.archlinux.org/index.php/File_permissions_and_attributes (idioma inglés)

Tutorial gestionar atributos extendidos de ficheros en GNU/Linux

En este tutorial veremos como podemos editar los atributos extendidos de un fichero en GNU/Linux.

Palabras claves: atributos de fichero, extended file attributes, attr, setfattr, getfattr.

Para ver los atributos extendidos de los ficheros tenemos que tener instalado attr:

```
sudo apt-get install attr
```

Por ejemplo, vamos a agregar un comentario al *fichero_de_texto.txt*:

```
setfattr -n user.comment -v "este es un
comentario" fichero-de-texto.txt
```

Para saber si *fichero_de_texto.txt* tiene atributos:

```
getfattr fichero_de_texto.txt
```

Para ver esos atributos:

```
getfattr -n user.comment
fichero_de_texto.txt
```

Más información en http://www.linux-mag.com/id/8741/ (idioma inglés)

Tutorial comandos del sysadmin GNU/Linux

En este tutorial veremos algunos de los comandos más usados por los administradores de sistemas GNU/Linux para obtener información sobre dispositivos, procesos, aplicaciones, hardware y red.

Palabras claves: sysadmin, top, w, uptime, ps, netstat, vmstat, free, iostat, mpstat, ss, línea de comando, Debian, Ubuntu, GNU/Linux.

Para ver todos los procesos que se están actualmente ejecutando en un sistema GNU/Linux vamos a usar el comando *top*. *Top* lista los procesos que más están usando la CPU y se actualiza cada 5 segundos.

```
top
```

Algunas opciones: *A* muestra los procesos que más están consumiendo recursos, *o* para seleccionar la orden, *z* para colorear la información y *k* para matar un proceso. Para salir de *top* usamos las teclas *Ctrl + c*.

Para ver quien está activo en el sistema y qué procesos está ejecutando:

```
ww
```

Para ver cuanto tiempo ha estado encendido el sistema operativo, la cantidad de usuario activos y la carga del sistema:

```
uptime
```

Para listar los procesos activos usamos *ps*, para ver todos los procesos:

```
ps -a
```

Para ver los procesos que más consumen memoria:

```
ps -auxf | sort -nr -k 4 | head -10
```

Algunas opciones: *ps axu* para ver todos los procesos, *ps -eM* para ver información de seguridad, *pstree* para ver un árbol de procesos.

Para ver estadísticas del kernel y de los dispositivos de hardware:

```
cat /proc/cpuinfo | more
cat /proc/meminfo | more
cat /proc/zoneinfo | more
cat /proc/mounts | more
```

Para ver todas las estadísticas de la red usamos *netstat*:

```
Netstat -a
```

Algunas opciones: *netstat -v* para ver las conexiones activas, *netstat -r* para mostrar la tabla de ruteamento IP, *netstat -i* para mostrar las interfaces de red.

Otros comandos: *vmstat* para visualizar información sobre procesos, memoria RAM, paginación, block IO, traps, discos y actividad de la CPU; *free* para saber cuánta memoria libre tenemos, *iostat* para mostrar la media de carga de la CPU y la actividad del HD, *mpstat -P ALL* para mostrar la actividad de cada procesador, *ss* es similar a *netstat*, vnStat mantiene un log de las actividades de las interfaces de red del sistema.

Tutorial usar traceroute y MTR para diagnosticar problemas de una red

En este tutorial usaremos traceroute y MTR para diagnosticar problemas de una red usando la línea de comandos en sistemas Unix, Ubuntu y Debian GNU/Linux.

Palabras claves: traceroute, MTR, red, network

Comenzamos abriendo un terminal e instalando traceroute:

```
sudo apt-get install traceroute
```

Para ver el camino que hace nuestro ordenador por Internet hasta google.com escribimos:

```
traceroute google.com
```

La primera línea nos dice la IP de google.com. Si aparecen asteriscos en el resultado quiere decir que tenemos un problema con el ruteamento en el último host que nos aparece en el listado.

Con *-m* podemos especificar la cantidad de saltos entre hosts (máximo 255):

```
traceroute -m 32 google.com
```

Con *-q* la cantidad de paquetes que envía a cada host:

```
traceroute -q 3 google.com
```

MTR usa traceroute y ping para dinámicamente presentar el camino hasta el host de destino. Lo instalamos con:

```
sudo apt-get install mtr
```

Para usarlo:

```
mtr google.com
```

Para ver un listado enviado 10 paquetes de red al host destino:

```
mtr --report google.com
```

Basado en: http://www.websitepulse.com/blog/ping-trace-route-and-mtr-the-holy-trinity-of-network-monitoring (idioma inglés)

Tutorial instalar y usar sysdig para monitorizar sistemas GNU/Linux

En este tutorial veremos como instalar y usar sysdig para obtener información de nuestro sistema Debian o Ubuntu GNU/Linux.

Palabras claves: sysdig, procesos, Debian, Ubuntu, GNU/Linux.

Sysdig es una herramienta open source que sirve para explorar nuestro sistema operativo. Ella captura los estados y las actividades del sistema (puede ser también un container) y luego filtra, analiza y salva la información. Además de la línea de comandos cuenta con una interfaz, *csysdig,* que se ejecuta desde la terminal. *Sysdig* cumple las funciones de otras herramientas como *strace, tcpdump, htop, iftop* y *lsof.*

Para instalarlo, lo descargamos con curl:

```
curl -s https://s3.amazonaws.com/download.draios.com/stable/install-sysdig | sudo bash
```

Para ver los procesos que más están usando ancho de banda:

```
sudo sysdig -c topprocs_net
```

Para ver los puertos que tienen más conexiones:

```
sudo sysdig -c fdcount_by fd.sport "evt.type=accept"
```

Para ver todos los pedidos HTTP GET hechos por el ordenador:

```
sudo sysdig -c fdcount_by fd.cip "evt.type=accept"
```

Para ver los procesos que más están usando el disco duro:

```
sudo sysdig -c topprocs_file
```

Para ver los procesos que más CPU están utilizando:

```
sudo sysdig -c topprocs_cpu
```

Para entrar a la interfaz de la herramienta:

```
sudo  csysdig
```

Referencia: http://www.sysdig.org/wiki/sysdig-examples/ (idioma inglés)

Tutorial usar sysdig para monitorizar containers en GNU/Linux

En este tutorial veremos como usar sysdig para obtener información de los containers en un entorno de virtualización en Ubuntu GNU/Linux.

Palabras claves: sysdig, LXD, LXC, virtualización, container, Debian, Ubuntu, GNU/Linux.

Para obtener un listado de los containers que se están ejecutando:

```
sudo sysdig -c lscontainers
```

Para ver el uso de CPU de los containers:

```
sudo sysdig -c topcontainers_cpu
```

Para ver los procesos dentro de los containers que se están ejecutando:

```
sudo sysdig -pc -c topprocs_cpu
```

Para saber que containers están utilizando más I/O:

```
sudo sysdig -c topcontainers_file
```

Para saber qué procesos están generando esas entradas y salidas:

```
sudo sysdig -pc -c topprocs_file
```

Para saber que ficheros están siendo más usados:

```
sudo sysdig -pc -c topfiles_bytes
```

Para verificar el uso de red de los containers:

```
sudo sysdig -pc -c topcontainers_net
```

Para verificar el procesos que más está usando la red:

```
sudo sysdig -pc -c topprocs_net
```

Para verificar los puertos que más están siendo utilizados:

```
sudo sysdig -pc -c topconns
```

Referencia: http://www.sysdig.org/wiki/sysdig-examples/ (idioma inglés)

Tutorial login con llave SSH en un servidor GNU/Linux

En este tutorial veremos como crear un par de llaves pública/privada en nuestro ordenador GNU/Linux para luego usarlas en una conexión SSH a otro ordenador o servidor.

Palabras claves: ssh, llaves, sysadmin, Debian, Ubuntu, GNU/Linux.

Primero creamos las llaves en nuestro ordenador:

```
ssh-keygen -t dsa
```

Apretamos *intro* cuando pregunta en que fichero salvar la llave, escribimos una clave y ya tenemos el par de llaves creado.

Ahora vamos a conectarnos al otro ordenador o servidor para copiar la llave:

```
cat .~/.ssh/id_dsa.pub | ssh usuario@ip_servidor 'cat >> .ssh/authorized_keys'
```

Donde usuario es nuestro nombre de usuario (o root también) e ip_servidor es la IP del servidor, por ejemplo 10.0.0.2.

Mayor información la podéis encontrar en https://help.github.com/articles/generating-an-ssh-key/ (idioma inglés)

Tutorial mantener programas ejecutando en el servidor aún cuando salimos de la consola SSH

En este tutorial veremos cómo podemos utilizar el comando nohup para mantener programas ejecutando en el servidor aún cuando salimos de la consola SSH.

Palabras claves: nohup, ssh, línea de comando, GNU/Linux.

Los procesos en GNU/Linux terminan si sales del sistema (los programas reciben la señal HUP -hangup), por lo tanto, para asegurar que el proceso continúe rodando usaremos el comando *nohup*.
Para dejar por ejemplo un servicio ejecutando en un servidor GNU/Linux, abrimos un terminal y nos conectamos al mismo:

```
ssh usuario@ipdelservidor -p 22
```

Donde "usuario" es nuestro nombre de usuario, "ip del servidor" la ip, por ejemplo 10.0.0.2, y "22" es el número de la puerta.
Al acceder, escribimos el comando *nohup* seguido del nombre del programa o script a ejecutar:

```
nohup ./script.sh
```

Si queremos ejecutar el comando en background:

```
nohup ./script.sh &
```

Si queremos ejecutar varios comandos a la vez:

```
nohup ./script.sh & ./script1.sh &
./script2.sh
```

La salida del programa en ejecución es enviada para el fichero nohup.out.

Para mayor información: https://en.wikipedia.org/wiki/Nohup

Resolver problemas en GNU/Linux

Tutorial buscando información del sistema operativo en GNU/Linux

Tutorial aprendiendo a usar un programa de chat para pedir ayuda en Linux

Tutorial buscar ayuda con la línea de comandos en Linux

Tutorial eliminar kernels antiguos en Ubuntu o Debian

Tutorial resolver "GPG error" usando apt-get update en GNU/Linux

Tutorial resolver problema de configuración del idioma en GNU/Linux

Tutorial resolver problemas de audio en sistemas GNU/Linux

Tutorial cerrar programas bloqueados en GNU/Linux

Tutorial introducción a los logs del sistema GNU/Linux

Tutorial usar los logs del sistema GNU/Linux para descubrir errores

Tutorial usar Multitail para monitorizar simultáneamente varios ficheros en GNU/Linux

Tutorial resolver problemas con sistemas de ficheros en GNU/Linux

Tutorial recuperar ficheros e información de discos duros, CD-ROMs y DVDs dañados

Tutorial actualizar el sistema operativo Debian 7 a la versión 8

Palabras claves: df, free, lshw, lsmod, ifconfig, iwconfig, ps, top, chat, irc, xchat, help, type, man, whatis, info, eliminar kernel antiguo, purge, GPG error, locale, configuración de idioma, audio, hardware, lspci, alsamixer, multitail, kill, log, dmesg, tail, rsyslog, udev, resolver problema, sistema de ficheros, filesystem, e2fsck, dosfsck, ntfs-3g, testdisk, GNU ddrescue, foremost, Debian, Wheezy, Jessie, upgrade, actualizar.

Tutorial buscando información del sistema operativo en GNU/Linux

En este tutorial aprenderemos a buscar información sobre nuestro sistema operativo (RAM, disco duro, procesador, procesos, red, etc.) usando la línea de comando en GNU/Linux.

Palabras claves: línea de comandos, command line, shell, bash, df, free, lshw, lsmod, ifconfig, iwconfig, ps, top.

Para saber el nombre del ordenador y el kernel Linux usado:

```
uname -a
```

El sistema operativo:

```
cat /etc/os-release
```

Para saber cuanto espacio tenemos en el disco duro:

```
df -h
```

Para saber cuanta memoria RAM libre:

```
free
```

Para obtener una lista del hardware del ordenador:

```
sudo lshw
```

Listar todos los módulos que ha cargado el kernel:

```
lsmod
```

Para ver los datos de red (IP, gateway, broadcast, etc.):

```
ifconfig
```

Para ver los datos de la red inalámbrica:

```
iwconfig
```

Para ver los procesos activos:

```
ps
```

Para ver los procesos en tiempo real (para salir apretamos la tecla *q*):

```
top
```

Tutorial aprendiendo a usar un programa de chat para pedir ayuda en Linux

Muchos miembros de la comunidad Linux generalmente suelen estar en un sala de chat para estar en contacto con sus colegas y cuando pueden, ayudar a los novatos a resolver algún problema. En este tutorial aprenderemos los comandos básicos de chat. Como usamos Linux, sugiero la aplicación XChat aunque podeis también chatear desde el navegador utilizando los servidores de Freenode, por ejemplo: http://webchat.freenode.net/?channels=ubuntu-es .

Palabras claves: irc, chat, xchat, nick, join, query, irc.freenode.net.

Órdenes típicas de IRC

```
  /nick nuevo_nombre Cambiamos nuestro nick.
    /join #ubuntu-es Entramos en un canal.
    /server irc.freenode.net Nos conectamos a una
red.
    /query usuario Entablamos una conversación
privada con un usuario.
    /part #canal Salimos del canal.
    /quit "mensaje de salida" Nos desconectamos de
una red enviando mensaje de salida.
    /msg nickserv register <password> <e-mail>.
Registrar un nombre de usuario.
    /msg nickserv identify <password>. Identificamos
el nick registrado.
    /msg NickServ ghost <nick> <password>.
Conseguimos nuestro nick, aunque este usado por otra
persona.
    /msg NickServ INFO <nick>. Comprobamos cuanto
tiempo llevamos conectados al IRC.
    /msg NickServ SET PASSWORD <mynewpassword>.
Cambiar la contraseña del Nick registrado.
    /as auth nick pass. Identifica nuestro nombre de
usuario.
```

Comenzamos:

Abrimos un terminal y lanzamos XChat:

```
xchat
```

Xchat nos preguntará a qué servidor nos queremos conectar (por ejemplo Ubuntu o Debian), y luego nos pedirá un nickname (nombre de usuario). Podemos elegir cualquier nombre pero si ya está siendo usado deberemos elegir otro. Si te conectas habitualmente a la red, deberías registrar tu nombre de usuario en un servidor, para que los demás usuarios puedan identificarte y nadie pueda usurpar tu personalidad (las instrucciones en inglés: http://freenode.net/faq.shtml#nicksetup).

Las órdenes más comunes son:

```
 /nick nuevo_nombre Cambiamos nuestro nick.
    /join #ubuntu-es Entramos en un canal.
    /server irc.freenode.net Nos conectamos a una
red.
    /query usuario Entablamos una conversación
privada con un usuario.
    /part #canal Salimos del canal.
    /quit "mensaje de salida" Nos desconectamos de
una red enviando mensaje de salida.
```

Basado en http://www.wikipedia.org (idioma inglés)

Tutorial buscar ayuda con la línea de comandos en Linux

Es este tutorial aprenderemos cómo buscar ayuda y obtener información utilizando la línea de comando en Linux.

Comandos:

type – Nos dice que comando se va a ejecutar
help – Exibe información sobre un comando builtin (que pertenece al bash)
man – Muestra la página del manual del comando
whatis – Exibe una breve descripción del comando
info – Muestra la información del comando con la ayuda del proyecto GNU

Comenzamos:

Abrimos un terminal y escribimos *type*, nuestro primer comando, que nos dice dónde esta ubicado *date*:

```
type date
     date es /bin/date
```

Ahora probamos la ayuda de un comando del bash:

```
help help
```

Algunos ejecutables permiten la opción *--help* para mostrar argumentos y opciones de los mismos, por ejemplo:

```
date --help
```

Todo comando tiene su/s página/s del manual de ayuda con argumentos, opciones y, a veces, ejemplos. La/s invocamos con *man* y el nombre del comando (para salir tecleamos *q*):

```
man df
```

En cuanto a *whatis*, nos da una breve descripción de para qué sirve un comando:

```
whatis whoami
```

Para ver la información del proyecto GNU utilizamos el comando *info*:

```
info uname
```

Tip: La documentación de los programas suele estar en */usr/share/doc* y la podemos ver usando el comando *less* para los ficheros de texto, *zless* para los ficheros comprimidos *gzip*, y un navegador web para los ficheros *.htlm*.

Tutorial eliminar kernels antiguos en Ubuntu o Debian

A medida que vamos actualizando nuestro sistema operativo van quedando instaladas las versiones antiguas del kernel Linux. Aquí veremos como eliminarlas.

Palabras claves: eliminar kernel antiguo, uname, purge.

Para saber cuál es nuestro kernel actual escribimos:

```
uname -r
```

Si queremos ver una lista de todos los kernels instalados:

```
dpkg --list | grep linux-image
```

Para eliminar uno de los kernels escribimos modificando "x" con el número de versión del mismo:

```
sudo apt-get purge linux-image-x.x.x.x-
generic
```

Actualizamos el gestor de inicio del sistema grub2:

```
sudo update-grub2
```

Finalmente reiniciamos el sistema:

```
sudo shutdown -r now
```

Tutorial resolver "GPG error" usando apt-get update en GNU/Linux

En este tutorial veremos como podemos solucionar el error de clave pública (public key) indisponible en GNU/Linux cuando queremos actualizar el sistema operativo con sudo apt-get update.

Palabras claves: GPG error, public key not available, actualizar sistema operativo, apt-get update, dpkg.

Puede suceder que al intentar actualizar el sistema operativo con *sudo apt-get update* nos aparezca este error:

Reading package lists... Done W: GPG error: http://extras.ubuntu.com precise Release: The following signatures couldn't be verified because the public key is not available: NO_PUBKEY 16126D3A3E5C1192

La solución es ingresar estos comandos, uno a la vez:

```
sudo dpkg --configure -a

sudo rm /var/lib/apt/lists/* -vf

sudo apt-get update

sudo apt-get clean

sudo apt-get update

sudo apt-key adv --keyserver keyserver.ubuntu.com --recv-keys 16126D3A3E5C1192
```

Nota: La clave pública puede variar, por lo que tendréis que alterarla en ese caso, colocando vuestra clave.

Más información en http://askubuntu.com/questions/127326/how-to-fix-missing-gpg-keys (idioma inglés)

Tutorial resolver problema de configuración del idioma en GNU/Linux

En este tutorial veremos como resolver el problema de configuración del idioma incorrecto en GNU/Linux.

Palabras claves: locale, configuración de idioma.

Si nos aparece el siguiente error al iniciar el sistema operativo o cuando queremos instalar algún programa:

```
      locale: Cannot set LC_ALL to default
locale: No such file or directory
```

Abrimos un terminal y escribimos:

```
locale
```

La información que aparece nos mostrará cómo está configurado el idioma. Ahora vamos a generarlo:

```
sudo locale-gen es_ES.UTF-8
```

Y reconfigurarlo:

```
sudo dpkg-reconfigure locales
```

Por último reiniciamos el sistema operativo:

```
sudo shutdown -r now
```

Foros de GNU/Linux en español:
http://www.linuxespanol.com/index.php

Tutorial resolver problemas de audio en sistemas GNU/Linux

En este tutorial veremos como podemos obtener información de nuestro hardware y hacer algunos testes para resolver problemas o configurar el audio en Debian o Ubuntu GNU/Linux.

Palabras claves: audio, hardware, lspci, alsamixer, Debian, Ubuntu, GNU/Linux.

Para descubrir que dispositivo y que controlador de hardware tenemos:

```
lspci | grep -i audio
```

O también con:

```
sudo lshw -C sound
```

Para ver todos los controladores y dispositivos:

```
lspci -v | more
```

Para reinstalar los controladores podemos usar:

```
sudo alsa force-reload
```

y reiniciar el sistema operativo. Si esto no funciona podemos eliminar los ficheros de audio:

```
sudo apt-get --purge remove linux-sound-base alsa-base alsa-utils
```

y volver a instalarlos nuevamente:

```
sudo apt-get install linux-sound-base alsa-base alsa-utils
```

PulseAudio tiene la opción de poder configurarlo con la orden *pacmd*:

```
Pacmd
```

Escribiendo *help* nos devuelve la lista de comandos. Salimos escribiendo *exit*.

Para ver la lista de dispositivos de hardware de reproducción de audio:

```
aplay -l
```

Para hacer un test de audio (salimos con *Ctrl + c*):

```
speaker-test
```

Podemos también configurar los dispositivos usando *alsamixer*. Con las flechas izquierda y derecha del teclado seleccionamos el dispositivo, con las flechas arriba o abajo aumentamos o disminuimos el volumen, con *m* lo habilitamos o deshabilitamos, *F1* para la ayuda y *esc* para salir:

```
alsamixer
```

Mayor información la podéis encontrar en https://help.ubuntu.com/14.04/ubuntu-help/media.html y en https://wiki.ubuntu.com/Audio (idioma inglés)

Tutorial cerrar programas bloqueados en GNU/Linux

En este tutorial veremos como podemos cerrar programas que están bloqueados en Linux usando la utilidad kill.

Palabras claves: kill, cerrar programas bloqueados, GNU/Linux.

El método más fácil para cerrar un programa es abrir un terminal y escribir:

```
xkill
```

El puntero del ratón se transformará en una X y simplemente clicando en la ventana del programa bloqueado lo cerrará.

Otra forma es utilizando la utilidad kill desde la línea de comandos. Para ello primero tenemos que averiguar el identificador del programa (PID) abriendo un terminal y escribiendo:

```
ps -e
```

En la lista que aparece, por ejemplo, el programa *Firefox* tiene el PID 3192. Para cerrarlo escribimos:

```
kill -9 3192
```

Si queremos en cambio buscar un programa específico, por ejemplo escribimos:

```
ps -C firefox
```

Como con cualquier utilidad Linux, usando *man kill veréis* la ayuda de la misma (tecla *q* para salir)

man kill

Tutorial introducción a los logs del sistema GNU/Linux

En este tutorial veremos que son los ficheros log y cómo podemos usarlos.

Palabras claves: log, rsyslog, dmesg, tail.

Los ficheros log registran las actividades de los programas y servicios en sistemas GNU/Linux. Ellos son herramientas fundamentales a la hora de administrar y/o analizar lo que ocurre en el sistema operativo.

Los logs se encuentran dentro del directorio */var/log* y son recogidos por el demonio *rsyslog*. Para reiniciarlo escribimos:

```
sudo service rsyslog restart
```

Para leer un fichero log se suele utilizar *tail*:

```
tail dmesg
```

Tail solamente muestra las últimas 10 líneas del fichero, si queremos por ejemplo ver 18:

```
tail -n 18 dmesg
```

Para monitorizar en tiempo real un servicio o programa usamos:

```
tail -f dmesg
```

Por último, para editar la configuración básica de los logs editamos:

```
vim /etc/rsyslog.conf
```

Tutorial usar los logs del sistema GNU/Linux para descubrir errores

En este tutorial veremos cuáles son los ficheros log que nos permiten descubrir, diagnosticar y resolver problemas en GNU/Linux.

Palabras claves: log, tail, dmesg, udev.

El fichero */var/log/udev* contiene la información de los dispositivos detectados por el kernel Linux:

```
tail -n 90 /var/log/udev
```

Dmesg muestra los mensajes del sistema:

```
tail -n 90 /var/log/dmesg
```

Para diagnosticar y resolver problemas de vídeo (servidor gráfico X):

```
tail -n 90 /var/log/Xorg.0.log
```

Otros ficheros log comunes son:

```
/var/log/auth.log: log de autenticación
/var/log/kern.log: log del kernel
/var/log/cron.log: log de crond
/var/log/boot.log: log de inicio del sistema
/var/log/wtmp: log de logins
```

Algunas aplicaciones como el servidor Apache (*httpd*) crean su propio directorio dentro de */var/log/* para guardas sus ficheros log.

Tutorial usar Multitail para monitorizar simultáneamente varios ficheros en GNU/Linux

En este tutorial veremos como podemos usar MultiTail para monitorizar ficheros de log en múltiples ventanas de un terminal. Además podemos colorear, filtrar y consolidar los datos de esos ficheros.

Palabras claves: Multitail, log, sistemas operativos, GNU/Linux, Debian.

Para instalar *multitail* en sistemas GNU/Linux escribimos:

```
sudo apt-get install multitail
```

Para ver dos ficheros de log en una ventana:

```
multitail /var/log/dmesg /var/log/syslog
```

Con b podemos seleccionar el fichero, luego con *G* vamos al inicio, *gg* al final, y con *q* salimos.

Para mostrar tres ficheros de log en dos columnas:

```
multitail -s 2 /var/log/dmesg
/var/log/syslog /var/log/dpkg.log
```

Para consolidar dos ficheros de log en una ventana:

```
multitail /var/log/dmesg -I
/var/log/syslog
```

Para colorear los ficheros:

```
multitail -ci red /var/log/dmesg -ci green
/var/log/syslog
```

Para mostrar un fichero y ejecutar un comando en otra ventana:

```
multitail /var/log/dmesg -l "ping google.com"
```

Mayor información la podéis encontrar en http://www.tecmint.com/view-multiple-files-in-linux/ (idioma inglés)

Tutorial resolver problemas con sistemas de ficheros en GNU/Linux

En este tutorial veremos como podemos resolver problemas con los sistemas de ficheros dañados en GNU/Linux.

Palabras claves: sistema de ficheros, filesystem, resolver problemas, e2fsck, dosfsck, ntfs-3g.

Para resolver problemas en los sistemas de fichero ext2, ext3 y ext4 tenemos la herramienta *e2fsck*. Para usarla primero desmontamos la partición o el disco rígido con problemas (sdb1 como ejemplo):

```
sudo umount sdb1
```

Para verificar y resolver problemas mostrando una barra de progreso en un sistema de ficheros ext4:

```
fsck.ext4 -p -f -C0 /dev/sdb1
```

Para encontrar sectores dañados y hacerlos inutilizables por el sistema operativo:

```
fsck.ext4 -f -c -C0 /dev/sdb1
```

Para verificar y reparar sistemas de ficheros fat12, fat16 y fat32 (windows), además de inutilizar los sectores dañados:

```
fsck.vfat -l -v -a -t /dev/sdb1
```

Para verificar y reparar sistemas de ficheros ntfs (windows):

```
ntfsfix /dev/sda1
```

Más información en:
https://help.ubuntu.com/community/FilesystemTroubleshooting
(idioma inglés)

Tutorial recuperar ficheros e información de discos duros, CD-ROMs y DVDs dañados

En este tutorial veremos como podemos recuperar información de discos duros, CD-ROMs y DVDs con problemas.

Palabras claves: disco duro, CD-ROM, DVD, testdisk, GNU ddrescue, foremost.

Primero instalamos los programas necesarios para la tarea: testdisk, GNU ddrescue y foremost.

```
sudo apt-get install testdisk gddrescue foremost
```

Para buscar en nuestro ordenador discos duros, particiones o CD-ROMs dañados usamos *testdisk*:

```
sudo testdisk
```

Para para recuperar un CD-ROM con GNU ddrescue escribimos:

```
ddrescue -b 2048 /media/cdrom nombre_imagen.iso fichero.log
```

Lo siguiente será montar la imagen obtenida:

```
sudo mount -o loop /media/nombre_imagen.iso /mnt/
```

En cambio, por ejemplo, para recuperar la partición hda1 del disco duro escribimos:

```
ddrescue --no-split /dev/hda1 nombre_imagen fichero.log
```

Por otro lado, para recuperar ficheros sueltos usamos foremost:

```
sudo foremost -t jpg -i /dev/hda1 -o
```

`/media`

En este caso recuperamos ficheros jpg de la partición hda1, guardándolos en el directorio /media

Más información sobre recuperación de información: https://help.ubuntu.com/community/DataRecovery (idioma inglés)

GNU ddrescue: http://www.forensicswiki.org/wiki/Ddrescue (idioma inglés)

Tutorial actualizar el sistema operativo Debian 7 a la versión 8

En este tutorial veremos como podemos actualizar el sistema operativo Debian 7 Wheezy a la versión 8 Jessie usando la línea de comandos en GNU/Linux.

Palabras claves: Debian, Wheezy, Jessie, línea de comandos, command line, upgrade, actualizar.

Abrimos un terminal y editamos el siguiente fichero

```
vim /etc/apt/sources.list
```

Al acceder, apretamos la tecla *esc* y escribimos lo siguiente:

```
:%s/wheezy/jessie/g
```

Salimos salvando los cambios con:

```
:wq!
```

En el terminal, escribimos el siguiente comando:

```
aptitude update
```

Finalmente, actualizamos el sistema operativo con el comando:

```
aptitude dist-upgrade
```

La información completa la podéis hallar en https://www.debian.org/releases/jessie/i386/release-notes/ch-upgrading.es.html

Seguridad en GNU/Linux

Tutorial realizar copias de respaldo (backup) de ficheros en GNU/Linux

Tutorial hacer copias de respaldo (backup) de discos rígidos en GNU/Linux

Tutorial privacidad y confidencialidad con GnuPG en GNU/Linux

Tutorial encriptar directorios en Ubuntu GNU/Linux usando EncFS

Tutorial configurar un cortafuegos (firewall) en GNU/Linux

Tutorial examinar si nuestro ordenador está siendo invadido a través de un rootkit

Tutorial descubrir rootkits, backdoors, sniffers y malware con RKHunter en GNU/Linux

Tutorial monitorizar red de Internet con ntop en GNU/Linux

Tutorial escaneo de puertos con Nmap en GNU/Linux

Tutorial usar tcpdump para analizar paquetes de red en GNU/Linux

Tutorial realizar auditorías de seguridad en un sistema GNU/Linux

Palabras claves: copias de respaldo, rsync, GRsync, seguridad, GNU, Linux, copias de seguridad, backup, GnuPG, GNU Privacy Guard, clave publica, clave privada, certificado digital, privacidad, confidencialidad, EncFS, encriptar directorios, cortafuegos, firewall, chkrootkit, rootkit, backdoor, sniffer, malware, RKHunter, ntop, monitorizar red, nmap, tcpdump, capturar paquetes red, auditoría, auditd.

Tutorial realizar copias de respaldo (backup) de ficheros en GNU/Linux

En este tutorial veremos cómo podemos hacer copias de respaldo (backup) de ficheros usando rsync en GNU/Linux.

Palabras claves: copias de respaldo, copias de seguridad, backup, rsync, GRsync.

Rsync es una herramienta que sirve para sincronizar ficheros y directorios en GNU/Linux, por lo que es muy útil a la hora de hacer copias de respaldo. Para copiar un fichero por ejemplo escribimos:

```
rsync -v nombre_del_fichero nombre_del_fichero_de_backup
```

La próxima vez que ejecutemos esa misma orden, copiará el fichero solamente si fue modificado.

Si queremos hacer una copia de respaldo de un directorio:

```
rsync -av nombre_del_directorio/ nombre_del_directorio_de_backup
```

Si por ejemplo borramos un fichero del directorio, *rsync* no lo borrará en el directorio de backup a menos que usemos la opción *--delete*:

```
rsync -av --delete nombre_del_directorio/ nombre_del_directorio_de_backup
```

Si queremos hacer una copia en un ordenador remoto usando *ssh*:

```
rsync -av --delete nombre_del_directorio/ usuario@IP_del_ordenador_remoto:/nombre_del_directorio_de_backup/
```

O al contrario:

```
rsync -av --delete
```

```
usuario@IP_del_ordenador_remoto:/nombre_del_dire
ctorio_de_backup/ nombre_del_directorio/
```

Por último, GRsync es una de las interfaces gráficas de *rsync* en GNU/Linux. La instalamos con:

```
sudo apt-get install grsync
```

Más información en http://www.vicente-navarro.com/blog/2008/01/13/backups-con-rsync

Tutorial hacer copias de respaldo (backup) de discos rígidos en GNU/Linux

En este tutorial veremos como podemos hacer copias de respaldo (backup en inglés) de una partición, un disco rígido y/o de nuestro sistema operativo GNU/Linux completo.

Palabras claves: backup, copias de respaldo, copias de seguridad, mount, sync, dd.

Abrimos un terminal y verificamos como está organizado nuestro disco rígido:

```
mount
```

Montamos el disco rígido que vamos a usar para grabar la copia *sdb*:

```
mount /media/sdb
```

Si vamos a hacer una copia de respaldo de un disco rígido o partición que están montados, ejecutamos *sync* para descargar los datos de la memoria RAM al disco rígido:

```
sync
```

Ahora ya podemos hacer la copia de respaldo, por ejemplo del disco rígido *sda* al disco rígido externo montado como *sdb*:

```
dd if=/dev/sda | bzip2 -c >
/media/sdb/disco-rigido.bz2
```

En un futuro, para restaurar esa misma copia:

```
bzip2 -c -d /media/sdb/disco-rigido.bz2 |
dd of=/dev/sda
```

Más información en: http://doc.ubuntu-es.org/Clonar_discos_duros

Tutorial privacidad y confidencialidad con GnuPG en GNU/Linux

En este tutorial veremos como usar GnuPG para tener privacidad y confidencialidad en Ubuntu GNU/Linux.

Palabras claves: GnuPG, GNU Privacy Guard, privacidad, confidencialidad, clave publica, clave privada, firma digital.

GNU Privacy Guard usa el standard OpenPGP para proveer privacidad y confidencialidad a través de una autenticación segura mediante criptografía. En Ubuntu GNU/Linux viene ya instalado y solo tendríamos que instalar alguna interfaz gráfica si lo deseamos:

Para instalar el Plug-in de Mozilla Thunderbird, Enigmail y así poder encriptar e-mails:

```
sudo apt-get install enigmail
```

Para instalar la interfaz gráfica GNU Privacy Assistant para GnuPG:

```
sudo apt-get install gpa
```

O también podemos usar Seahorse que es la aplicación que viene instalada de GNOME para gestionar las claves encriptadas.

En KDE tenemos KGPG:

```
sudo apt-get install kgpg
```

O Kleopatra:

```
sudo apt-get install kleopatra
```

Para generar un par de claves publica y privada, abrimos un terminal y escribimos:

```
gpg --gen-key
```

Vamos respondiendo las preguntas y nos aparecerá un resultado similar:

```
gpg: key D1FC11D1 marked as ultimately
trusted
```

Configuramos estas claves como predeterminadas en *~/.bash_profile,* escribiendo en el fichero *export GPGKEY=D1FC11D1*:

```
vim ~/.bash_profile
     export GPGKEY=D1FC11D1
```

Reiniciamos el *gpg-agent* con la nueva variable:

```
killall -q gpg-agent
eval $(gpg-agent --daemon)
export GPGKEY=D1FC11D1
```

Es conveniente crear un certificado para poder revocar nuestra clave privada si alguna vez es comprometida:

```
gpg --output revoke.asc --gen-revoke
D1FC11D1
```

Este certificado debería ser impreso o guardado como fichero en un lugar seguro.

Para crear una versión ASCII del certificado escribimos:

```
gpg --output mi_clave.asc --export -a
D1FC11D1
```

Para subir nuestra clave pública a un servidor Ubuntu:

```
gpg --send-keys --keyserver
keyserver.ubuntu.com D1FC11D1
```

Basado en https://help.ubuntu.com/community/GnuPrivacyGuardHowto (idioma inglés)

Tutorial encriptar directorios en Ubuntu GNU/Linux usando EncFS

En este tutorial veremos como podemos encriptar directorios en Ubuntu GNU/Linux usando EncFS.

Palabras claves: EncFS, encriptar directorios, sistema de ficheros encriptado virtual.

Comenzamos instalando la aplicación *EncFS*. Abrimos un terminal y escribimos:

```
sudo apt-get -y install encfs
```

Vamos a crear dos directorios, llamados desencriptado y encriptado (podéis llamarlos como queráis):

```
mkdir -p ~/encriptado
mkdir -p ~/desencriptado
```

El directorio llamado desencriptado funciona como punto de montaje del directorio encriptado. Por lo tanto, para montarlo basta escribir:

```
encfs ~/encriptado ~/desencriptado
```

La primera vez que ejecutamos esta orden, nos pedirá crear una clave. Atención, porque si la olvidamos no habrá manera de desencriptar ese directorio.

Finalmente, para desmontarlo escribimos:

```
fusermount -u ~/desencriptado
```

Basado en https://www.howtoforge.com/tutorial/encrypt-your-data-with-encfs-on-ubuntu/ (idioma inglés). Más información en https://github.com/vgough/encfs/blob/master/encfs/encfs.pod (idioma inglés)

Tutorial configurar un cortafuegos (firewall) en GNU/Linux

Es este tutorial aprenderemos cómo configurar IPTABLES, el comando utilizado por NETFILTER, cortafuegos predeterminado de GNU/Linux.

Palabras claves: cortafuegos, firewall, iptables.

Para saber si lo tenemos instalado, abrimos un terminal y escribimos:

```
whereis iptables
```

Este comando nos dirá si IPTABLES está instalado y el directorio donde reside. Para ver cómo está configurado escribimos:

```
sudo iptables -L
```

Si tenemos alguna regla y queremos borrarla para comenzar desde 0:

```
sudo iptables -F
```

Ahora configuramos IPTABLES escribiendo reglas que permiten tráfico hacia afuera de nuestra red (usar Internet, correo electrónico, etc.) y bloquean el tráfico desde afuera (invasión de hackers, programas espías, etc.).

Regla para aceptar las conexiones entrantes:

```
sudo iptables -A INPUT -m state --state
ESTABLISHED,RELATED -j ACCEPT
```

Regla para permitir loopback (lo0) y bloquear tráfico a 127/8:

```
sudo iptables -A INPUT -i lo -j ACCEPT
sudo iptables -A INPUT ! -i lo -d
127.0.0.0/8 -j REJECT
```

Regla para permitir hacer ping:

```
sudo iptables -A INPUT -p icmp -m icmp
```

```
--icmp-type 8 -j ACCEPT
```

Regla para permitir tráfico (Internet por ejemplo) salir de nuestra red:

```
sudo iptables -A OUTPUT -j ACCEPT
```

Regla para rechazar otro tipo de conexiones entrantes:

```
sudo iptables -A INPUT -j REJECT
sudo iptables -A FORWARD -j REJECT
```

Ahora tenemos que salvar estas nuevas reglas, caso contrario cuando apagamos el ordenador éstas se borran. Para salvarlas instalamos el programa iptables-persistent:

```
sudo apt-get update
sudo apt-get install iptables-persistent
```

El programa nos preguntará si queremos salvar las reglas configuradas anteriormente. Aceptamos y finalizamos la instalación.

Más información en:
https://help.ubuntu.com/community/IptablesHowTo?action=show&redirect=Iptables (idioma inglés) y en:
http://www.netfilter.org/documentation (idioma inglés)

Tutorial examinar si nuestro ordenador está siendo invadido a través de un rootkit

Un rootkit es un programa o conjunto de programas usados por un intruso para acceder a un ordenador sin ser visto. En este tutorial veremos cómo instalar Chkrootkit, una herramienta que busca pistas de un rootkit.

Palabras claves: CHkrootkit, rootkit.

Abrimos un terminal y escribimos:

```
sudo apt-get install chkrootkit
```

Para usarlo escribimos:

```
sudo chkrootkit
```

Esta orden realizará todos los tests.

Otras configuraciones: para que se ejecute diariamente abrimos el fichero:

```
/etc/chkrootkit.conf
```

Y reemplazamos:

```
RUN_DAILY="false"
```

por

```
RUN_DAILY="true"
```

Tutorial descubrir rootkits, backdoors, sniffers y malware con RKHunter en GNU/Linux

Rootkit Hunter escanea nuestro sistema operativo en busca de rootkits, backdoors, sniffers y malware.

Palabras claves: Rkhunter, rootkit, backdoor, sniffer, malware, log.

Abrimos un terminal y escribimos:

```
sudo apt-get install Rkhunter
```

Para usarlo escribimos:

```
sudo rkhunter --check
```

Esta orden realizará todos los tests y creará un fichero rkhunter.log con los resultados en /var/log/.

Para actualizar el programa escribimos:

```
rkhunter --update
```

Para ver otras opciones del mismo:

```
sudo rkhunter --help
```

Tutorial monitorizar red de Internet con ntop en GNU/Linux

NTOP es una herramienta de monitorización y generación de reportes de uso de red en tiempo real para GNU/Linux. En este tutorial veremos como instalarla y usarla.

Palabras claves: Ntop, monitorizar red, ntopng.

Para instalarla:

```
sudo apt-get install ntop
```

Se abrirá una ventana pidiéndonos la o las interfaces de red a monitorizar (si no las sabemos podemos usar *ifconfig* pero en general son *eth0* si es por cable o *wlan0* si es red inalámbrica) y un usuario/contraseña. Una vez completada la instalación la iniciamos:

```
ntop
```

Ahora podemos ir a la interfaz web de la herramienta abriendo un navegador en el puerto 3000:

```
http://IP_servidor:3000
```

Por otro lado, tenemos también NTOPNG, que es la siguiente generación de NTOP con una interfaz web más amigable.

Más información en http://www.ntop.org (idioma inglés)

Tutorial escaneo de puertos con nmap en GNU/Linux

NMAP es una herramienta de escaneo de puertos y generación de reportes de uso de red en tiempo real para GNU/Linux. En este tutorial veremos como instalarla y usarla.

Palabras claves: Nmap, puertos abiertos.

Para instalarla abrimos un terminal y escribimos:

```
sudo apt-get install nmap
```

Por ejemplo para escanear nuestro servidor con IP 192.168.0.10 escribimos:

```
nmap 192.168.0.10
```

Nos mostrará una lista de los puertos abiertos. Vale la pena leer la ayuda de NMAP:

```
nmap -h
```

Allí por ejemplo encontraremos que para saber el sistema operativo del ordenador escaneado escribimos:

```
nmap -O 192.168.0.10
```

Para saber que tipo de servidor tenemos en el puerto 80:

```
sudo nmap 192.168.0.10 -p 80 -sV
```

Para escanear toda la red:

```
sudo nmap 192.168.0.0/24
```

Más información en: http://www.insecure.org/nmap (idioma inglés)

Tutorial usar tcpdump para analizar paquetes de red en GNU/Linux

Tcpdump es una poderosa herramienta de línea de comandos utilizada para capturar, mediante la biblioteca libpcap, el tráfico de una red LAN, WAN, etc. en GNU/Linux.

Palabras claves: red, internet, LAN, WAN, paquete, network, packet, tcpdump, command line, línea de comandos, GNU, Linux.

Para instalar tcpdump:

```
sudo apt-get install tcpdump
```

Para ver que interfaces de red tenemos instaladas:

```
sudo tcpdump -D
```

Para comenzar a capturar paquetes en la red inalámbrica:

```
sudo tcpdump -nS -i wlan0
```

Para usar tcpdump en modo verbose en todas las interfaces de red:

```
sudo tcpdump -v -i any
```

Para evitar que tcpdump busque los nombres de dominio de las IP capturadas (acelera la captura):

```
sudo tcpdump -n -v
```

Por último, para enviar la captura de paquetes a un fichero:

```
sudo tcpdump -w nombre-fichero.txt -s 0
```

Y para leerlo:

```
sudo tcpdump -r fichero.txt
```

Más información en: http://www.tcpdump.org (idioma inglés)

Tutorial realizar auditorías de seguridad en un sistema GNU/Linux

En este tutorial veremos como realizar una auditoría de seguridad en un sistema operativo Ubuntu o Debian GNU/Linux.

Palabras claves: auditoría, seguridad, auditd, auditctl, ausearch, aureport

Los sistemas operativos GNU/Linux vienen generalmente con la herramienta *Auditd (Audit Daemon)* ya instalada. Ella es la responsable de escribir registros de auditoría en el disco duro.

Para instalarla, en caso de que no lo esté, abrimos un terminal y escribimos:

```
sudo apt-get install auditd
```

Cuando usamos *Auditd* por primera vez, veremos que no tiene reglas definidas:

```
sudo auditctl -l
```

Para agregar una, por ejemplo, que audite los accesos y los cambios en el directorio */etc/passwd*:

```
sudo auditctl -w /etc/passwd -p rwxa
```

Para auditar un directorio especifico, por ejemplo */home*:

```
sudo auditctl -w /home/
```

Para ver los logs de *Auditd*:

```
sudo ausearch -f /etc/passwd
```

Para generar un informe escribimos:

```
sudo aureport
```

Para modificar las reglas de auditoría editamos el fichero */etc/audit/audit.rules*.

```
Sudo vim /etc/audit/audit.rules
```

Una vez modificadas, debemos reiniciar el servicio:

```
service auditd restart
```

Basado en: http://linoxide.com/how-tos/auditd-tool-security-auditing/ (idioma inglés)

Programar en GNU/Linux

Como crear un script en la línea de comando (shell script)

Tutorial básico crontab

Tutorial Comandos de inicio del sistema operativo

Variables del sistema GNU/Linux

Tutorial Awk como comando y como lenguaje de programación

Palabras claves: shell script, bash, programar, programar tarea, crontab, modificar configuración usuario, rc.local, profile, variables del sistema operativo, variables usuario, set, PATH, awk.

Como crear un script en la línea de comando (shell script)

Un shell script es un fichero que contiene una serie de comandos. Una opción sumamente útil a la hora de automatizar tareas en GNU/Linux. En este ejemplo crearemos un script que muestre una serie de números.

Palabras claves: shell script, bash, programar.

Abrimos un terminal y creamos el fichero contar_hasta_5.sh:

```
cat > contar_hasta_5.sh
```

Escribimos lo siguiente en él y salimos con *Ctrl + d*:

```
#!/bin/bash

# contar_hasta_5.sh: muestra una serie de números

count=1

while [ $count -le 5 ]; do

echo $count

count=$((count + 1))

done

echo "Contar hasta 5."
```

Ahora procederemos a darle permisos de ejecución al fichero:

```
chmod 755 contar_hasta_5.sh
```

Controlamos que todo esté correcto:

```
ls -l contar_hasta_5.sh
```

`-rwxr-xr-x 1 usuario usuario 147 Out 20 16:53 contar_hasta_5.sh`

Finalmente lo ejecutamos:

```
./contar_hasta_5.sh
```

Resultado:

>> `1`

>> `2`

>> `3`

>> `4`

>> `5`

>> `Contar hasta 5.`

Tutorial básico crontab

En este tutorial veremos como podemos crear y agendar una tarea en GNU/Linux usando la utilidad crontab.

Palabras claves: crontab, programar tarea, script.

Nota: si no sabéis utilizar *vim* os aconsejo hacer el tutorial de éste editor primero.

Abrimos un terminal y escribimos:

```
crontab -e
```

En ese fichero crontab tenemos que escribir una orden de la siguiente manera:

```
minutos(0-59) horas(0-23) días(1-31)
meses(1-12) días_de_la_semana(0-6)
orden_a_ejecutar
```

Podéis usar un asterisco (*) como un valor. Por ejemplo, usar un asterisco para la semana hará que el comando se ejecute cada semana.

Ejemplo: Para ejecutar el comando /usr/bin/ejemplo1 a las 10:30 a.m. cada día escribimos:

```
29 10 * * * /usr/bin/ejemplo
```

Si queréis especificar múltiples horarios, tendréis que separar por comas los valores. En este ejemplo el comando se ejecutará cada 15 minutos:

```
0,14,29,44 * * * * /usr/bin/ejemplo1
```

Un último ejemplo separando un rango de valores con un guión, vamos a ejecutar a mediodía todos los días pero solamente en los primeros seis meses del año:

```
0 12 * 1-6 * /usr/bin/ejemplo1
```

ejemplo1 es un script previamente creado con las tareas que queremos automatizar, por ejemplo una copia de seguridad, una actualización del sistema operativo, etc.

Para los ficheros crontab que necesitan de permisos de administrador debemos usar:

```
sudo crontab -e
```

Más información en: http://crontab.org (idioma inglés)

Comandos de inicio del sistema operativo GNU/Linux

En este tutorial veremos una introducción a los comandos ejecutados en el inicio del sistema operativo GNU/Linux.

Palabras claves: modificar configuración usuario, rc.local, profile.

Cuando el sistema operativo se inicia, tenemos ficheros que ejecutan las órdenes básicas del sistema. Nosotros podemos ver o modificar esos ficheros para adaptarlos a nuestros gustos. *rc.local* es el fichero que se ejecuta justo luego del inicio del sistema:

```
cat /etc/init.d/rc.local
```

profile se ejecuta luego del inicio de sesión de usuario:

```
cat /etc/profile
```

Las configuraciones particulares de cada usuario están en el fichero *.profile* en el directorio del usuario, por ej.:

```
cat .profile

# ~/.profile: executed by the command
interpreter for login shells.
# This file is not read by bash(1), if
~/.bash_profile or ~/.bash_login
# exists.
# see /usr/share/doc/bash/examples/startup-
files for examples.
# the files are located in the bash-doc
package.

# the default umask is set in /etc/profile;
for setting the umask
# for ssh logins, install and configure the
libpam-umask package.
#umask 022

# if running bash
```

```
if [ -n "$BASH_VERSION" ]; then
 # include .bashrc if it exists
 if [ -f "$HOME/.bashrc" ]; then
      . "$HOME/.bashrc"
 fi
fi

# set PATH so it includes user's private bin
if it exists
if [ -d "$HOME/bin" ] ; then
    PATH="$HOME/bin:$PATH"
fi
```

Variables del sistema GNU/Linux

En este tutorial veremos una introducción a las variables de ambiente.

Las variables de ambiente son informaciones que definen parámetros necesarios para el funcionamiento del sistema operativo y de sus programas, por ejemplo, el tipo de shell que usa el usuario, su directorio principal o idioma.

Palabras claves: variables del sistema operativo, variables usuario, set, PATH, profile.

Para ver las variables escribimos:

```
set
```

Una variable importante es PATH, ésta informa que directorios tienen ficheros ejecutables. Para ver los directorios que están como PATH:

```
echo $PATH
```

Un ejemplo, si yo estoy en el directorio *pruebas* y quiero ejecutar un fichero, tendría que colocarlo temporalmente en la variable PATH:

```
PATH=$PATH:/pruebas
```

O editar esa variable permanentemente dentro del fichero /etc/profile.

Tutorial Awk como comando y como lenguaje de programación

Este tutorial es una breve introducción al uso de awk como comando y como lenguaje de programación en GNU/Linux.

Palabras claves: awk, script.

Awk no es solo un programa utilitario sino también un lenguaje de programación, lo que lo hace útil a la hora de crear scripts también. Fue diseñado para extraer datos por lo que aquí veremos algunos ejemplos.

Veamos el primero. Abrimos un terminal y escribimos:

```
      dpkg -l | awk ' {print $2} ' >
instalados.txt
```

En este caso *awk* creará un fichero llamado *instalados.txt* con un listado de la segunda columna del comando *dpkg -l* que muestra el nombre de los programas instalados en nuestro ordenador.

Si queremos imprimir todas las columnas:

```
      dpkg -l | awk ' {print $0} ' >
instalados.txt
```

Otro ejemplo, en este caso programando el clásico "Hola Mundo":

```
      awk "BEGIN { print \"Hola Mundo \" }"
```

Para imprimir nueve números aleatorios:

```
      awk 'BEGIN { for (i = 1; i <= 9; i++)
    print int(101 * rand()) }'
```

Contar la frecuencias de las palabras del fichero *instalados.txt*:

```
      awk 'BEGIN { FS="[^a-zA-Z]+"} \
    { for (i=1; i<=NF; i++) words[tolower($i)]++
} \
```

```
    END { for (i in words) print i, words[i] }'
instalados.txt
```

Más ejemplos en: http://www.linux-es.org/node/31

El manual completo:
http://www.gnu.org/software/gawk/manual/gawk.html (idioma inglés)

Bibliografía

Los libros electrónicos los podéis descargar de mi blog http://www.fortinux.com

PERPIÑAN, A.(2007). Básicamente GNU/LINUX Segunda edición. Santo Domingo (Rep. Dominicana): Impresos Gamma.

WILDING, M., BEHMAN, D.(2005). Self-Service Linux® Mastering the Art of Problem Determination. USA: Prentice Hall - Bruce Perens' Open Source Series.

KIRCH, O.(1999). Guía de Administración de Redes con Linux, (Traducción Proyecto LuCAS <http://es.tldp.org/>).

Anexo A: Recursos

**Linux form scrach (LFS): **
Un proyecto que provee instrucciones paso a paso para crear nuestra propia versión personalizada de GNU/Linux. http://www.linuxfromscratch.org/index.html

**Explainshell.com: **
Nos muestra la ayuda de cada comando que nosotros escribimos. Sumamente útil para entender lo que estamos haciendo. http://explainshell.com

**Openvim.com **
Un tutorial interactivo de Vim. Recomendable. http://www.openvim.com

Made in the USA
Monee, IL
04 November 2026

67385927R10105